나는 왜 네트워크마케팅을 하는가

나는 왜 네트워크 마케팅을 하는가

윤은모 지음

전나무숲

네트워크마케팅은 희망입니다

많은 이들이 더 나은 삶을 꿈꾸지만 꿈에 다가가기 위해서는 적절한 수단이 꼭 필요한데 직장 아니면 자영업이라는 현실의 수단이 그리 녹녹치 않지요. 그래서 극히 적은 소자본, 혹은 무자본으로 도전할 수 있는 네트워크마케팅은 누구에게나 희망이 될 수 있다고 믿습니다. 바로 5년여 전에 책을 쓰게 된 이유입니다.

하지만 대부분 다단계판매의 다른 이름으로 간주하는 이들이 많아, 네트워크마케팅이 놀라운 기회로서의 관심과 이해가 많이 부족하다고 판단됩니다. 대중적인 관심과 이해의 부족이 어떤 이들에게는 기회가 된다는 아이러니가 되기도 하지만요.

이 책은 낯선 것에 대한 고정관념이 강하거나, 어떤 이유로든 네트워크마케팅에 대해 부정적인 선입관을 가지고 있거나, 또는 새로운 기회에 아예 무관심한 이들을 설득해 네트워크마케팅에 관심을 갖게 하려는 게 목적이 아닙니다. 고정관념, 즉 좀처럼 변화하지 않으려는 그 생각과 마음을 바꾸는 게 얼마나 어려운 일인지 20여 년이 넘는 오랜 경험으로 잘 알기 때문입니다.

그보다는 네트워크마케팅이 꿈에 다가가는 훌륭한 수단이 될 수도 있다고 이해하는 이들에게 올바른 네트워크마케팅에 대한 변별력을 갖게 하고자 하는 것이 이 책의 목적입니다. 물론 아직 네트워크마케팅에의 이해가 많지 않지만 뭔가 더 나은 삶을 위해 새로운 기회를 찾는 다음과 같은 분들에게도 큰 도움이 될 것을 확신합니다.

- 추가수입의 기회를 찾는 이들

- 가족을 위해 스페어타이어(spare tire)를 준비하고픈 이들

- 나만의 수입을 갖고 싶은 이들

- 100세 시대를 내다보며 미래를 준비하려는 이들

- 네트워크마케팅이 대안이 될 수 있는지에 대해 알고자 하는 이들

그래서 학문적 관점이나 어설픈 이론이 아닌 의심의 경계에서 시작하여 성공적인 결과에 이르기까지 깊이 파고들며 20여 년 간 부딪히고 경험했던 내용들을 진솔하게 풀어내려고 하였습니다.

알파벳 B(birth, 탄생)와 D(death, 죽음) 사이에는 C(choice, 선택)가 있다는 말처럼 살다 보면 선택의 순간들을 많이 만나게 되는데, 네트워크마케팅이 당신에게 다가왔을 때 더 좋은 선택을 할 수 있게 말입니다.

네트워크마케팅이 나를 찾아오다

제가 네트워크마케팅에 대한 설명을 처음 들었을 때는 1998년 IMF 경제위기라는 초유의 사태를 경험하고 있을 때였습니다. 이후 벌써 24년이라는 세월이 흘렀네요. 당시에는 주변을 짓누르는 경제위기와 빠르게 변화하는 IT 기술을 보면서 막연한 두려움에 사로잡혀 있었지요. 또 스러져가는 기업들을 보면서 '과연 나는 얼마나 오래 버틸 수 있을까?' 하는 걱정이 밀려와 불안했습니다. 꼭 그런 위기 상황이 아니더라도 40대에 접어든 직장인이라면 누구나 직장생활의 끝을 예상하면서 이후의 삶을 걱정하지요. 그래서일까요? 어찌 보면 이해하기가 결코 쉽지 않은 네트워크마케팅에 대한 설명을 한 번 듣고 나서 경계심보다는 호기심을 갖게 되었으니까요.

그리고 안내한 이의 권유대로 한 달 정도 관련 서적, 언론 자료와 모임을 통해 알아본 후엔 '내가 아는 세상이 전부가 아니었구나' 하며 스스로의 무지에 놀라면서 한편으로는 '이 기회를 그냥 흘려 보내면 후회할 것 같다'는 강렬한 끌림도 있었습니다.

시간이 지난 후에 되돌아보니 그때는 어떤 '동물적 감각'이 작동했음이 틀림없었던 것 같습니다. 예기치 않게 다가온 전 직장동료로부터 "우리의 삶에 스페어타이어가 필요하다", "네트워크마케팅이 그 수단이 될 수 있다"는 이야기를 듣고 가족의 미래를 위해 제대로 알아봐야겠다고 결정을 내린 것은 충분히 이해해서 나온 결과라기보다는 직관적인 결정이었기 때문이죠. 왠지 '해야 할 것 같다' 혹은 '하고 싶다'는 직관 말입니다.

하지만 저의 직관적 결정은 바로 벽에 부딪혔습니다. 아내를 비롯해 가장 가까운 가족과 친구들의 반대와 비판, 무관심에 맞닥뜨렸지요. **제가 그랬던 것처럼 그들 역시 네트워크마케팅을 '남에게 피해를 주는' 피라미드로, 혹은 아쉬운 소리를 해가며 지인들에게 '물건을 파는' 다단계판매 정도로 알고 있었습니다.** 그런 반응들이 당연하다고 이해는 하면서도 마음 한편이 아팠습니다. 그동안 쌓아온 나름 괜찮은 인간관계나 외국계 대기업 임원이라는 직장인으로서의 사회적 위치를 자부하며 긍정적인 반응과 호응을 기대했던 저로서는 무척이나 힘들고 당혹스러운 상황이기 때문이었지요.

물론 그런 반응이 저에 대한 사랑과 염려와 걱정에서 비롯됐음을 이해하지 못할 만큼 아둔하지는 않았지만, 소위 그들의 '거절'은 한 발짝 앞으로 나아가려는 저를 가로막는 높은 벽이 되었습니다. 다행스러운 것은 이전에 경험하지 못했던 장애물에 굴복하기보다는 내 직관적 결정이 잘못된 것이었는지를 더욱 철저하게 알아보기로 결심한 것입니다. 그 결과 극복하기 쉽지 않아 보였던 함정과 장애물들은 나의 진정성을 테스트하는 기회가 되었습니다.

아마도 아내를 비롯해 저를 잘 알고 사랑하는 분들의 염려는 이러했을 것입니다.

- 뭐든 팔려고 다니다 보면 아쉬운 소리를 하거나, 누군가에게 피해를 줄 것이다. 그러다 결국 인간관계까지 나빠지지 않을까?
- 가족의 생계를 책임지는 직장생활에까지 나쁜 영향을 끼치

지는 않을까?

- 피라미드나 다단계를 하다가 망한 사람들이 많다는데, 돈 벌려다가 오히려 경제적으로 어려워지지는 않을까?
- 결국 나에게 부담이나 피해가 오지 않을까?

사실 이렇게 걱정한 것은 마음 한구석에 선택이 잘못됐을 가능성에 대한 불안함이 자리 잡고 있었기 때문이었겠지요. 갑자기 다가온 네트워크마케팅은 기회처럼 보였지만 동시에 우리 가족을 곤경에 빠트리지는 않을까 의심되는 수상한 이방인이기도 했습니다.

저는 가장으로서 좀 더 신중해져야 했습니다. 저 역시 마음한편에 여전히 약간의 의심과 혹 내가 잘못 판단한 건 아닐까하는 의문이 남아 있었기에 더 큰 확신과 믿음이 필요했습니다. 그래서 주변의 염려와 거절의 이유를 바탕으로 내 비즈니스로 최종 결정하기 전에 더욱 철저하게 알아보고 검토하고 공부해보기로 했습니다.

다행히 시간이 지나면서 저의 확신은 오히려 커지고 네트워크마케팅에 부정적이던 사랑하는 가족들로부터도 긍정적인 반응의 기회가 왔습니다. 아토피피부염 때문에 수시로 병원을 오가며 수년간 고통받던 아이들이 제가 선택한 회사에서 만든 목욕용 물비누와 바르는 로션을 쓰고는 증상이 현저하게 개선된 것이었지요. 길지 않은 시간에 보여준 물비누와 로션의 효과는 놀라움 자체였습니다. 그 일을 계기로 회사와 제품에 대한 감동과 믿음이 생겨나면서 회사의 생필품을 사용하는 것조차 심각하게 반대하던 아내가 애용자로 돌아섰습니다. 실제로 우리가 어떤 기업을 평가하고 판단할 때 그 기업이 만드는 제품의 품질만큼 중요한 기준은 없지요.

제품에 대한 좋은 경험은 혹 피라미드가 아닐까 하는 의심을 아내의 마음에서 조금은 걷어내 버렸습니다. 또 비즈니스의 가능성에 대한 검토가 진행되면서 제품 감동의 경험이 애용자 네트워크로 이어질 수 있다는 사업성과 윤리성에 대한 확신을 키워주었고, 결국 아내와 함께 비즈니스로서의 가능성을 더 적극적으로 바라보게 되었지요. 무엇이든 부부가 같은 꿈을 갖고 같은 방향을 바라보고 같은 일을 함께 해나가는 것은 그 자체가 행복이 아닐까 합니다.

네트워크마케팅을 한 단어로 표현한다면 '구전 비즈니스'라고 할 수 있습니다. 고정관념이 강하거나 좋지 않은 경험을 가진 누군가는 여전히 다단계판매라고 하겠지만, 올바른 이해는 구전마케팅 비즈니스입니다. 구전, 즉 입소문을 내는 것이 비즈니스가 될 수 있다는 것을 이해하는 게 결코 쉽지 않지만 비즈니스의 본질을 알면 이는 사실입니다.

구전은 우리 삶에서 남녀노소 누구나 하는 소비자의 본능 같은 것입니다. 일반적으로 가정에서 소비생활의 주체인 여성들이 더 구전에 익숙하지요. 이 점에서 여성인 아내의 이해와 참여는 네트워크마케팅 비즈니스를 하는 데 큰 성장의 계기가 되었습니다.

처음에는 못마땅해 하던 아내가 제가 직장에 매여 있어 비즈니스에 혹 소홀한 동안에는 대학에서 학생들을 가르치는 자신의 일을 감당하면서도 한편으로는 가족들을 챙기고 다른 한편으로는 따뜻한 리더십으로 많은 이들을 돕고 기회를 나눔으로써 비즈니스 성장의 주체가 되어주었습니다. 그럼으로써 이후 딸이 함께 참여하는 가족 비즈니스의 근간을 만들었지요.

어쩌면 이 책을 집어 든 당신 가까이에 네트워크마케팅이 다가오고 있을지도 모릅니다. 이미 만남의 경험을 가졌을 수도 있겠네요. 그렇다면 제가 그랬듯이 동물적 감각을 발휘해 꼭 잡으

시길 바랍니다. 자신과 가족을 위한 스페어타이어를 마련하는 확실한 수단이 될 테니까요. 그때, 이 책이 여러분께 올바른 네트워크마케팅을 변별할 수 있는 힘을 주고, 비즈니스 초기에 맞닥뜨릴 여러 상황들을 극복하게 도와줄 것입니다.

결코 적지 않은 세월 동안 저를 믿어주고 함께한 사랑하는 아내에게 이 책을 바칩니다.

_ 윤은모

차례

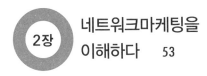

네트워크마케팅을 이해하다 53

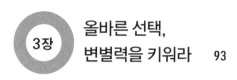

3장 올바른 선택, 변별력을 키워라 93

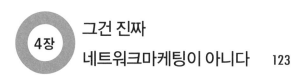

4장 그건 진짜 네트워크마케팅이 아니다 **123**

5장 꿈을 이뤄줄 기회, 가족 비즈니스로서의 가치와 비전   163

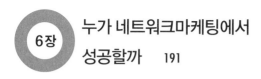

NETWORK
MARKETING

1장

네트워크마케팅을
알려면 먼저 고정관념이
깨져야 한다

15여 년 전의 어느 수요일 아침, 여느 날과 다름없이 출근을 해야 한다는 자명종 소리에 잠이 깼습니다. 전날 밤 늦게까지 이어진 고객과의 술자리를 마치고 피곤한 몸으로 새벽녘에 귀가해서는 턱도 없이 부족하게 잠을 자 몸은 천근만근이었지만 회사에 출근해야 한다는 압박감에 간신히 눈을 떴는데 며칠간 계속된 야근과 술자리로 인해 몸이 말을 듣지 않았습니다.

　자명종 소리에도 좀처럼 자리에서 일어나지 못하는 나를 날카로운 쇳소리로 일으켜 세우는 건 늘 아내의 몫이었지요.

　"얼른 일어나요. 늦으면 차 막혀서 힘들다고 하면서…"

서울의 위성도시에 살면서 강남으로 출퇴근하는 것은 또 하나의 고역이었습니다. 조금 늑장부리다 러시아워에 걸리면 졸린 눈으로 두 시간 가까이 운전대를 잡아야 하는데, 위태하기가 음주운전보다 더했습니다. 결국 가족을 위해 일하는데 가족의 생계를 위협하는 위험을 감수할 수 없다는 자각이 내 몸을 일으켜 세웠습니다. 지금 일어나면 40분이면 회사에 도착하니 평소처럼 지하주차장에서 모자란 잠을 조금이나마 보충해야겠다는 생각도 한몫을 했습니다.

그런데 문득 '꼭 회사를 가야 하나?' 하는 의문이 머리를 스쳤습니다.

"나, 회사 안 가면 안 될까?"

"왜, 피곤해서 그래? 매일 출근하면서 새삼스럽게."

"그래, 그렇지만 오늘은 정말 피곤해. 회사 다니는 거 이젠 싫어. 이러다 과로로 죽을지도 몰라!"

"……."

"안 가면 안 될까?"

한 번 더 푸념을 하고 잠시의 정적 뒤에 이어진 아내의 목소리.

"그럼 가지 마!"

"정말?"

나는 자리에서 벌떡 일어났습니다. 회사를 안 가도 된다고?
순간 정신이 맑아지면서 속으로 되뇌었습니다.

'회사를 안 가도 된다고?'

"정말이야?"

"그래! 회사 가기 싫다며?"

"정말이지?"

나는 한 번 더 아내의 다짐을 받은 후 다시 이불 속으로 기어
들었습니다. 이 흥분되는 특별한 순간이 오감을 깨울 만도 했지
만 정말 피곤했는지 나는 곧 깊은 잠으로 빠져들었습니다.

출근해야 하는 평일에 꿀맛 같은 아침잠을 몇 시간 더 자고
정오쯤 일어나니 걱정 대신 일이 하나 생겼습니다. 바로 사장님
에게 제출할 사직서를 쓰는 일이었지요.

'상기 본인은 일신상의 이유로…'

십수 년 만에 써보는 사직서였지만 그동안 직원들의 사직서를

받아본 경험이 있어서인지 쓰는 데 어려움은 없었습니다. 이제부터는 늦잠을 잘 수 있다니!

　다음날, 갑작스런 사직서에 놀라 그 이유를 묻는 사장님에게 저는 사직의 이유를 자세히 설명할 수는 없었습니다. 나를 끔찍이도 아껴주고 믿어 주시던 상사인 동시에 존경하는 학교 선배이기도 했기에 시간을 갖고 차근차근 이해를 구할 수도 있었겠지요. 또 갑작스러운 주요 임원의 공석으로 인한 조직의 혼란과 직원들의 작은 동요나 의구심이 없도록 차근차근 떠날 준비를 할 수도 있었겠지요. 하지만 나의 몸과 마음은 이미 회사를 떠나고 있었습니다. 누구의 명령을 더 이상 듣지 않아도 되는 자유의 문을 향해서 말입니다. 나는 예의를 잃지 않도록 조심하면서 적절한 핑계를 댔습니다.

“이제 제 일을 할 때가 된 것 같아서요.”
“무슨 일을 하려는데요?”
“아직 말씀드릴 수는 없지만 그동안 준비해오던 게 있습니다.”

　사장님은 의심스러운 눈초리로 이해하기 어려운 듯, 한편으로는 참으로 한심하다는 눈빛으로 나를 바라보았습니다.

하지만 그동안 나름 직장에 충실하면서도 퇴근 후와 주말의 자투리 시간을 활용해 가족을 위한 스페어타이어를 준비하는 마음으로 네트워크마케팅 비즈니스를 해왔다는 사실을, 직장인이라면 회사가 전부여야 한다고 생각하는 사장님에게 어떻게 이해시킬 수 있었겠습니까? 아무래도 그동안의 충성심을 의심하면서 괘씸하다고 배신감을 느낄지도 모릅니다.

그러나 어쩌겠습니까? 어차피 회사나 사장님이 아닌 나 자신만이 나와 우리 가족의 미래를 책임질 수 있음이 분명한데 말이죠. 직장에서의 성공이 곧 인생에서의 성공이라 믿고 정상을 향해 열심히 달려 세계적인 다국적 기업에서 임원이 되었지만, 이제까지 살아온 사오십 년 세월만큼의 삶이 아직도 남아 있는 현실에서 100세 시대를 준비하는 것은 당연한 일이 아닐까요? 축복받는 100세 인간(Homo Hundred=Homo Sapience+Hundred)이 되려면 말입니다.

'제가 그동안 퇴근 후와 주말의 자투리 시간을 아껴서 네트워크마케팅 비즈니스를 해왔습니다. 그 시간들이 쌓여 이제 제법 큰 애용자 자산이 만들어지고 그로부터 꾸준한 수입을 갖게 되었습니다. 그래서 직장에 다니지 않고도 가족의 생계를 평생 책임질 수 있게 되었지요. 이제 회사의 목표를 위해 일하기보다는 저 자신과 가족 그리고 가까운 이들의 꿈을 위해 좀 더 가치 있게 살려고 합니다.'

이렇게 사장님을 이해시켜드릴 수 있었으면 좋으련만….

네트워크마케팅은
다단계가 아니다

◉

네트워크마케팅(network marketing)이라고 하면 많은 이들이 다단계판매를 떠올립니다. 다단계판매(multi-level sales)를 근사한 영어단어로 포장한 것쯤으로 여기지요. 그 이유는 많은 다단계판매 업체 혹은 그에 종사하는 판매원들이 자신이 하는 일을 소개할 때 흔히 '네트워크마케팅을 한다'라고 말하고, 미디어에서도 네트워크마케팅과 다단계판매를 동일시하기 때문이 아닐까 합니다. 네트워크마케팅은커녕 피라미드와 합법적인 다단계조차 구분하지 못하는 것도 한 이유이지요. 심지어는 금전적 피해를 주는 불법 피라미드로 생각하는 분도 많습니다. 처음에는 지도 그런 사람들 중의 하나였으니까요.

　하지만 **네트워크마케팅 비즈니스는 다단계판매와 아주 많이 다릅니다. 단어 그대로 다단계는 '판매(sales)'이고 네트워크마케팅은 어쩌면 큰 기업과도 같은 '비즈니스'입니다.** 물론 잘 모르는 분들에게는 '그게 그것'처럼 들릴 수도 있습니다. 그러나 이 책을 다 읽고 났을 즈음에는 그 구분과 이해가 명확해지는 변별력이 생기고 네트워크마케팅에 관심을 갖게 될 것입니다. 둘은 아주 다르거든요.

　지난 20여 년 동안 꾸준히 해온, 그러는 동안 저를 직장에서 벗어나게 하고 우리 가족을 경제적으로 자유롭게 만들어준 제 사업을 저는 네트워크마케팅 '비즈니스(business)'라고 부릅니다. 일회성 수입을 주는 다단계'판매'와는 전혀 다르기 때문이지요. 사업이란 말 대신 영어 표현으로 비즈니스라고 부르는 것을 좋아하는 이유는 '사업'이라고 하면 일반적인 고정관념상 당연히 돈을 투자하는 것으로 이해되기 때문입니다. 그보다는 영어단어로 표현되는 '비즈니스'가 더 적절한 느낌이 듭니다. 'It's my business(그건 내 일이야 혹은 내 책임이야)'처럼 '사업'보다는 의미가 좀 더 포괄적이어서 돈을 투자할 필요가 없는 네트워크마케팅의 본질에 더 어울린다고 생각되거든요.

얼마 전에 중학교 동창으로부터 전화가 걸려왔습니다. 제가 십수 년 전에 네트워크마케팅 비즈니스를 알려주고 싶어 노크했던 친한 친구였습니다. 하지만 그때는 무엇을 알려주려 하는지 자세한 이야기를 들어보기도 전에 자기는 다단계판매 사업은 물론 피라미드 방식으로 판매되는 제품에는 아무리 좋다 해도 관심 없다며 조금은 차가운 눈빛을 보냈었고, 그 일로 머쓱해진 사이가 되어 한동안 연락 없이 지냈었습니다. 늘 마음 한편에 찜찜하게 남아 있었던 터라 그 친구의 전화가 너무나도 반가웠습니다.

"야, 오랜만이다. 잘 지냈지? 그런데 웬일이냐? 전화를 다 주고…"

"응, 너 그거 아직도 해?"

"그거라니?"

짐작은 갔지만 저는 짐짓 모른 체 되물었습니다.

"그 네트워크마케팅인가 하지 않았어?"

"네트워크마케팅? 당근 아직도 하지. 평생사업으로 하는 일인걸!"

'너 다단계 하지 않았어?'라고 묻는 대신 네트워크마케팅이라고 부르는 친구가 조금은 의아하기도 했습니다.

"그렇구나. 소식은 간간이 듣고 있었다만, 잘되고 있지?"
"그럼, 꾸준히 잘되고 있어. 그런데 무슨 일이야?"
"아, 어머니가 요즘 건강식품을 드시고 싶어 하시는데 어디선가 들으셨나 봐. 너네 회사에서 나오는 게 좋다고. 마침 네 생각이 나서 전화했다. 구할 수 있나 해서."
"그렇구나. 물론이지. 인터넷 쇼핑이니까 네가 회원가입을 해서 직접 주문하면 돼. 회비도 없고, 누구나 가입할 수 있거든."
"가입하는 건 좀 그렇고, 네가 사서 보내주는 건 어때?"
"물론 되지. 주소 알려주면 보내줄게. 그런데 건강식품도 잘 알고 드시는 게 좋으니 오랜만에 만나서 차 한잔 하지 않을래? 제품도 챙겨 가고, 어떻게 지냈는지 궁금도 하니 말이야."

그렇게 다시 만난 친구는 처음에는 가입비가 없음에도 회원이 되는 것을 꺼려했지만 곧 인터넷 쇼핑몰에 가입해 이후에는 스스로 주문하는 애용자가 되었습니다. 요즘은 추가수입의 기회도 된다 하니 비즈니스적으로도 관심이 많아져 제 안내를 받고 있습니다. 피라미드 한다고 비난하며 저를 아프게 했던 과거의 기억은 진즉 잊은 듯합니다.

무엇이 친구의 생각을 바꿔놓았을까요? 그저 단순히 어머니가 찾은 제품에 대한 만족 때문일까요? 아니면 10년이 훨씬 넘도록 변하지 않은 한결 같은 제 모습 때문일까요?

■ SNS가 연결해준 인연

인터넷과 IT 기술의 발전으로 SNS(Social Network Service)는 우리 삶의 일부가 되었습니다. 더불어 소통과 공유의 가치가 점점 더 커지면서 IT 기술을 기반으로 하는 플랫폼 비즈니스*가 각광을 받고 있습니다. **방문판매처럼 오해를 받던 네트워크마케팅도 그런 세상의 변화를 따라 인터넷 쇼핑몰의 형태로 바뀐 지 오랩니다.**

* 플랫폼 비즈니스

요즘 들어 부쩍 '플랫폼 비즈니스(platform business)'라는 단어를 자주 듣는다. 플랫폼은 어떤 체계, 시스템을 구성하는 기초가 되는 틀 혹은 바탕을 의미하는데, 버스나 기차를 타고 내리는 정거장을 떠올리면 이해하기 쉽다. 여러 방면으로 가는 버스가 다 모이고, 목적지가 다른 많은 사람들이 버스를 타기 위해 몰려드는 곳 말이다. 다양한 버스와 사람들이 한 곳에서 타고 내리고 오고 가는 곳, 그것이 플랫폼이다.

인터넷 세상에서는 인터넷 통신망이 바로 플랫폼이 된다. 인터넷을 기반으로 쇼핑몰과 방송국이 생기고, 다양한 블로그와 카페 등 오프라인으로 연결되는 모임이 만들어진다. 이러한 모임을 통해 다양한 비즈니스를 전개할 수도 있다. 스마트폰 회사에서는 수많은 애플리케이션을 만들어 운용할 수 있는 플랫폼을 제공한다. 우리가 자주 이용하는 대부분의 SNS도 일종의 플랫폼을 제공하는 것과 같다.

많은 이들이 다양한 목적과 용도로 이용할 수 있는 기반을 제공하는 기업들은 '플랫폼 비즈니스를 한다'고 말할 수 있다. 스마트폰 회사, 인터넷 플랫폼 상에 또 다른 플랫폼(카카오톡, 인터넷 방송, 유튜브, 페이스북 등)을 구축하는 회사들뿐만 아니라 요즘은 여행 중에 머물 곳을 찾는 사람들과 방을 빌려줄 수 있는 사람들 또는 차를 빌리려는 사람들과 빌려줄 수 있는 이들이 서로 연결될 수 있는 플랫폼 비즈니스가 뜨고 있다. 사실 파는 사람들과 사려는 사람들이 모여드는 백화점, 쇼핑몰, 장터 등을 제공하는 것도 모두 플랫폼 비즈니스라고 부를 수 있다.

세상에 모습을 드러낸 지 25년밖에 안 된 인터넷은 우리의 생활을 정말 많이 바꾸어 놓았습니다. 심지어 우리의 가치 체계마저 흔들어 놓고 있지요. 더 이상 나만 아는 정보 혹은 나의 가치가 전부가 아닙니다. 오히려 '얼마나 많은 사람들이 함께 알고 있는가?'가 더 가치 있게 여겨지는 시대입니다. IT 기술은 하루가 다르게 발전하고, 그 영향으로 우리가 사는 세상은 빠르게 변하고 있습니다. 오래 전부터 미래학자들로부터 회자되었던 노하우(know-how)의 시대에서 노웨어(know-where)의 시대, 나아가 완전한 공유의 시대로 나아가고 있지요.

아무튼 즐겨 하는 SNS를 통해 제가 네트워크마케팅을 하고 있다는 것을 알게 된 어떤 낯선 이가 연락을 해왔습니다.

"저, 네트워크마케팅을 하시나 봐요?"

"그렇습니다."

"얼마나 오래 하셨는지요?"

"십수 년 되었습니다만…."

"직장을 다니면서도 가능한가요?"

"그렇습니다. 저도 처음 몇 년간은 직장을 다니면서 했지요."

"아, 그렇군요. 저는 지금 보험 영업을 하고 있는데 병행할 수 있다고 들었습니다. 앞으로는 네트워크마케팅이 대세가 되지 않을까 하는 생각이 들어서 알아보고 싶은데, 안내해주실 수 있는지요?"

"물론이지요. 반갑습니다. 그런데 만나기 전에 자기소개를 좀 더 해줄 수 있을까요?"

사실 SNS 상에서 그에 대한 정보를 몇 가지는 알 수 있었지만 낯선 사이인 만큼 조심할 필요가 있었습니다. 그런데 직접 만나 본 그는 다행히 네트워크마케팅에 대한 순수한 호기심과 관심을 가지고 있었지요.

그는 십수 년간 재무설계사로서 비교적 성공적으로 보험 영업을 해왔지만 매번 새로운 고객을 찾아 판매를 해야 한다는 현실에 지쳤다고 고백했습니다. 경험은 쌓이지만 삶을 변화시킬 만큼 만족스럽지는 못하다고요. 보험 영업은 나이가 들어도 할 수 있다지만 네트워크마케팅에서는 어느 정도 성과를 이루면 경제적으로도 시간적으로도 자유로워질 수 있다는 말을 듣고 관심을 갖게 되었다고 했습니다. 그리고 그것을 확인하고 싶어 했습니다.

이처럼 낯선 이가 관심을 보이며 먼저 연락하는 경우는 그동안의 오랜 경험으로도 아주 드문 일이었지만 저로서는 꽤나 반가운 일이었지요.

여전히 '네트워크마케팅＝다단계판매＝피라미드'의 공식에서 벗어나지 못하는 분들이 많지만 이렇듯 잊었을 거라 생각한 친구가 찾아오고, 모르는 사람들이 관심을 보이는 경우들을 보면 분명히 네트워크마케팅에 관한 인식이 예전과는 많이 달라지고 있는 것 같습니다. 다단계판매와 다르다는 것을 인식한 사람들이 많아졌다고 해석할 수도 있겠지요.

하지만 네트워크마케팅과 다단계판매를 구분하기 어려운 것도 사실입니다. 크고 작은 사회적 물의를 일으키며 많은 이들에게 피해를 주는 피라미드 사례들이 잊을 만하면 심심치 않게 등장하는 것도 그 원인 중 하나입니다. 안타까운 점은 경제적으로 더 나아지고 싶어 하는 사람들이 네트워크마케팅에 대한 고정관념과 부정적인 이미지로 인해 네트워크마케팅의 좋은 점은 보지도 못한 채 시작할 엄두조차 내지 못하는 결과로 이어질 수 있다는 점입니다. 기회가 있지만 기회를 잡지 못하는 그들을 보면 안타까울 뿐입니다.

사람들의 인식이
달라지고 있다

현실에서 삶의 수준을 바꿀 수 있는 기회를 찾고 있다면, 네트워크마케팅보다 더 나은 수단을 찾기는 쉽지 않습니다. 다행히도 네트워크마케팅의 역사가 깊어지면서 주변에 경제적·시간적으로 여유로운 삶을 사는 분들의 사례가 많아지고, 품질 좋은 제품을 통해 네트워크마케팅에 대한 이미지도 좋아지고 있습니다. 그에 따라 시장에서 사회적 위치를 키우는 네트워크마케팅 회사들이 늘어나고 영향력 있는 언론이나 미디어에서 이슈로 다루는 기회가 점점 더 늘어나는 추세입니다.

세계적인 추세라고 볼 수 있는 네트워크마케팅이 우리나라에서 특히 발전하는 데는 특별한 이유가 있습니다. 그것은 네트워크마케팅을 포함하는 큰 범주인 다단계판매에 관한 관련 법이 1994년에 큰 폭으로 개정되면서 어떤 형태든지 가입비가 있다면 불법으로 규정했기 때문입니다. **이 말은 곧 합법적이고 올바른 네트워크마케팅 회사들은 별도의 가입비가 없음을 의미합니다. 성인 소**

비자라면 누구나 아무런 비용이나 조건 없이 가입과 탈퇴가 자유롭다는 뜻입니다.

따라서 제품(아이템)에 대한 회원가(價)와 비회원가의 차이가 없고, 차익(혹은 마진)을 남긴다는 의미의 판매 개념이 없으며, 소비자 보상에 대한 어떠한 조건도 없습니다. 불법 피라미드와 다단계판매의 경우에는 가입비가 없다고 주장하더라도 대부분의 경우 '판매 마진에 의한 판매원 보상'을 전제로 하기에 일정 금액 이상의 구입 또는 할인구매(소비자가격에 대한)를 의무적으로 요구하고 있습니다. 이 점은 네트워크마케팅과 분명하게 다른 점입니다.

이러한 이유들로 시간이 갈수록 네트워크마케팅에 관한 관심이 높아지고 있는 것입니다.

■ 프로슈머의 출현

저명한 미래학자 앨빈 토플러(Alvin Toffler)는 2006년에 저서 《부의 미래》에서 프로슈머(pro-sumer)의 개념을 발표하였습니다. 프로슈머란 생산자를 의미하는 producer와 소비자를 의미하는 consumer의 합성 신조어입니다. 혹자는 프로슈머를 '돈을 버는 소비자(pro-fessional consumer)'로 해석하기도 합니다. 이는 네트워크마케팅에서 소비자에게 돌려주는 캐시백(cash back)의 혜택이 최근 시장에서 점점 확대 적용되고 있음을 염두에 둔 해석이지만 크게 잘못된 것은 아니라고 봅니다. 토플러가 주장하는 프로슈머의 본래 의미는 '소비자(consumer)들이 사회적으로 어떤 가치(value)를 생산(producing)한다'인데, 캐시백 또한 하나의 가치로 간주되기 때문입니다. 그 이후로 네트워크마케팅 비즈니스를 이해하는 사람들이 프로슈머를 자주 인용하게 되었고, 네트워크마케팅에 대한 인식도 크게 변화하고 있습니다.

토플러는 프로슈머의 개념을 다양하게 설명했습니다. 그중에서 인상 깊은 설명이 있습니다. 미국의 월마트(Walmart) 등 대형마트가 출현하고 그 후에 인터넷 등 기술의 발전, SNS 출현, 그에 따른 소비문화의 변화가 이루어졌는데 그것은 이제까지 생산-유통의 과정에서 비용을 들여야 만들어지던 가치들이 소비자들에 의해 자발적으로 생겨나고 형성되고 있다는 내용입니다. 즉 소비자(consumer)가 가치를 생산(producing)한다는 의미이지요. 예를 든다면 대형 마켓의 선반에서 물건을 내리거나 신속하게 계산하기 위해 사람들을 더 많이 고용하는 대신에 소비자들이 직접 그 일을 하게 만들고, 유튜브 등 SNS라는 제공된 장소(platform)에 소비자들이 자발적으로 내용(contents)을 만들어 올

림으로써 수많은 정보가 공유되면서 새로운 사회적 가치를 만들어냅니다. 그 밖에도 곳곳에서 프로슈머(가치를 생산하는 소비자)가 출현하고 확장되면서 많은 이들이 이를 비즈니스의 기회로 활용하고 있지요. 토플러의 새로운 개념은 이제 더 이상 개념이 아닌 현실이 되고 있습니다.

이때 **소비자가 자발적으로 만들어내는 가치로 인해 혜택을 본 기업 혹은 누군가가 혜택(매출 증가, 비용 절감 등)에 기여한(value producing) 소비자에게 금전적 보상을 해주겠다고 생각한다면 그것이 바로 소비자 중심의 네트워크마케팅의 탄생으로 이어지는 것입니다.** 이로 인해 소비자에게는 전에 없던 추가수입이 생기고, 이는 다시 재소비의 동인(動因)이 되어 기업의 매출 증대로 이어집니다. 소비와 구전이 하는 일의 전부인 소비자에게는 놀라운 기회가 주어진 거지요. 뭔가를 만들거나 파는 일은 어렵지만 말이죠. 어쩌면 토플러가 네트워크마케팅에 대해 잘 이해하고 있었기에 프로슈머란 단어는 네트워크마케팅을 염두에 두고 만들어진 신조어일지도 모른다는 근거 있는 생각을 해봅니다.

'어? 나도 할 수 있겠네!'

살다 보면 오랫동안 보지 못했던 친구나 그저 알고만 있었던 지인으로부터 뜬금없이 연락이 올 때가 있습니다. 또 그동안의 관계로 보았을 때 만나자는 게 참 의심스러운 생각이 드는 경우도 있습니다. "그중 열에 아홉은 결혼 소식을 알릴 목적이거나 다단계"라는 우스갯소리도 있는데, 실제로 한번 만나 할 이야기가 있다고 하는 문자 혹은 목소리에서 평소답지 않게 조금은 비장하거나 떨리는 것 같이 느껴지면 자연스레 이런 생각이 떠오릅니다.

'뭐지? 혹시 다단계?'

저 역시 20여 년 전 어느 날, 수개월 전에 퇴사한 전 직장동료로부터 전화 한 통을 받았습니다. 근처에 볼 일이 있어서 왔는데 생각이 나서 전화를 했다고 했습니다. 차 한잔 할 수 있겠냐고요. 퇴사한 후에도 저를 생각할 정도의 동료는 아니라고 생각해 조금은 의아했지만 마침 점심시간이어서 반가운 마음으로 만났습니다. 함께 프로젝트를 할 때 아주 성실했던 기억이 있었거든요. 오랜만에 만났으니 이런저런 이야기가 이어졌는데, 점심 시간이 끝나갈 무렵에 그가 물었습니다.

"윤 실장님은 어떤 꿈을 가지고 계세요?"

"꿈이요?"

뜬금없는 질문이었습니다. 그리 가깝지도 않은 사이에 느닷없이 꿈에 대해 묻다니…. 게다가 어른이 되어 그런 질문을 받으니 어리둥절했습니다. 그는 나를 이해한 듯한 표정으로 고개를 끄덕이더니 물었습니다.

"혹시 네트워크마케팅에 대해 들어보신 적이 있나요?"

"그게 뭐지요? 뭘 파는 건가요?"

요즘은 네트워크마케팅이라고 하면 "아, 다단계?" 하며 아는 체라도 하는 분이 많지만 그 시절의 저에게는 아주 생소한 단어 였습니다. 그래서인지 내가 모르는 새로운 것에 대한 경계심이 발동하여 '투자 사기나 피라미드 같은 것이 아닐까?' 하는 의심 이 순간 들었지요. 처음 듣는 단어임에도 불구하고 말이요.

"아, 처음 들으세요? 뭘 파는 것은 아닌데요."

"그럼 무슨 광고회사 같은 건가요?"

그가 전에 홍보부에서 근무했다는 기억과 마케팅이란 용어가 광고라는 단어를 떠올리게 했습니다.

"그런 건 아닌데…. 저도 지금 알아보고 공부하는 중인데 큰 비전이 있는 듯해서요. 윤 실장님도 혹 관심을 가져보시면 어떨까 해요."

그의 눈빛과 목소리가 조금 떨리는 것을 느낀 나는 다시 경계심이 높아졌습니다. 내가 어설픈 반응을 보이면 그는 틀림없이 그 비전에 돈을 투자하라고 할 것 같았습니다.

"아뇨, 별로 알고 싶지 않은데요. 요즘 회사 일이 바빠 다른 일에는 관심을 둘 여유가 없어요. 이제 회사에 들어가봐야겠네요."

저는 서둘러 일어나 식사값을 지불하고 조금은 불편한 마음으로 얼른 자리를 떠났습니다. '꿈 운운하더니 결국 돈을 투자하라는 건가? 아님 돈을 빌리려는 거겠지? 다음에 연락 오면 다시는 만나지 말아야지' 하면서요. 뒤통수에 눈이 있는 것은 아니지만 순간 어쩔 줄 모르는 그를 느낄 수 있었습니다. 사실 저는 겁이 많고 성격이 강하지 못해 무엇이든 거절을 잘 못하고 다른 사람을 힘들게 하는 것을 불편해하는 편인데, 당시에는 막연한 경계심과 불안감이 강하게 들어 그를 배려할 수 없었습니다. 그 이후에도 그에게서 회사로 몇 번 더 전화가 왔지만 늘 바쁘다는 핑계를 대며 전화를 끊었습니다.

그러던 중 그가 우편으로 책 한 권과 짧지 않은 편지를 보내왔습니다. 꿈과 성공에 관련된 어느 저명한 리더십 코치가 쓴 책이었는데 책의 내용보다는 끼워져 있던 편지가 제 마음을 조금 움직였습니다. 그 편지에는 저를 아주 좋게 생각한다는 말과 함께 자신이 알아본 네트워크마케팅을 나에게도 알려주고 싶고, 무슨 투자라든가 돈에 관련된 어려운 부탁을 하려는 게 아니었으니 오해하지 않았으면 좋겠다는 말이 적혀 있었어요.

편지에는 이런 말도 적혀 있었습니다.

… 직장이 언젠가 떠나야 할 곳이라면 그 이후의 대비가 필

요하지 않을까요? 그런데 그때를 알 수 없으니 가족들의 생계와 행복을 위해 운전대를 잡은 가장이라면 마땅히 스페어타이어를 준비하고 있어야 한다는 게 제 생각입니다. 아주 잘나가는 최고급 벤츠(Benz)에도 스페어타이어는 꼭 필요하지요.

혹 동의하신다면, 회사에 매여 밤낮없이 바쁜 직장인들에게 금전 투자 없이 자투리 시간으로 스페어타이어를 준비할 수 있는 기회를 소개하려고 합니다. 윤 실장님도 분명 관심이 있으리라 생각합니다. 한번 알아보지 않으실런지요?

나는 '스페어타이어'가 추가수입을 의미한다는 것을 금세 알아챘습니다. 그리고 늘 넉넉하지 않은 수입에 답답해하는 직장인들이 돈을 투자하지 않고도 퇴근 후나 주말의 자투리 시간을 활용해 봉급 외에 추가수입을 얻을 수 있다면 누구라도 관심을 가지겠지요. 그게 사실이라면 말이죠.

눈앞의 일을 처리하느라 정신없이 며칠을 보낸 뒤에 저는 그에게 전화를 걸어 네트워크마케팅에 대해 좀 더 알아보고 싶다고 말했습니다. 나중에 시간이 지나 누군가를 안내하여 함께하는 게 사업의 성장이라는 네트워크마케팅의 본질을 스스로 경험하고 이해한 후에 뒤돌아보니, 전화선 건너편에서 무척이나 놀라면서도 반가움에 웃음이 가득 번졌을 그의 얼굴이 상상되었습니다. 저의 네트워크마케팅 비즈니스는 그렇게 시작되었습니다.

이후에 그의 안내를 받아 참석한 몇 번의 모임을 통해 제 마음속에는 '어? 나도 할 수 있겠네!' 하는 생각이 자리를 잡아갔습니다. 좀 더 정확히 표현하면 '관심을 안 가질 이유가 없네!' 였지요. **모임을 통해 제가 이해한 네트워크마케팅은 돈이 들지도 않고 직장을 그만둘 필요도 없이 그저 좋은 제품을 쓰면서 그 경험을 사람들에게 말로 전하는 게 전부였기 때문입니다.**

아직 제품을 써보고 경험하기 전이었지만 좋기만 하다면 안 쓸 이유도 없었습니다. 구전이 되려면 당연히 제품의 품질이 뛰어나야겠지요. 그러니 아무리 바쁜 사람이라도 할 수 있는 일이었습니다. 그렇게 해서 스페어타이어를 준비하고, 잘되면 가족에게 책임을 다하는 자랑스러운 가장이 되고, 나아가 돈 걱정 없는 부자도 될 수 있는 기회라는데 안 할 이유가 없었지요. 물론 그 목표에 도달하려면 제법 시간이 걸리겠지만 마음 한편에서 속삭이는 '정말 직장에 다니면서도 할 수 있을까?', '내가 정말 잘할 수 있을까?' 하는 의심과 두려움을 떨쳐버리기만 하면 시작할 수 있는 일이었습니다. 그래서 좀 더 진지하게 알아보며 두려움을 하나 둘 떨쳐냈고, 그 결과 지금도 여전히 네트워크마케팅을 하며 여유롭고 자유로운 삶을 살고 있습니다.

누구에게나 필요한 스페어타이어,
난 멈추지 않는다

처음 내게 네트워크마케팅이 다가왔던 경험을 마음에 품고 친구들을 찾아가 나눈 대화를 떠올려보면 참 재미있습니다.

"친구야, 너는 꿈이 있니?"

"꿈? 갑자기 웬 꿈?"

"돈 버는 일에 관심 있어? 추가수입 말이야."

"당근이지. 추가수입에 관심 없는 사람이 있을까?"

"그래? 그럼 그동안 뭐 알아본 거 있어?"

"글쎄, 돈이 없어서…."

"돈을 투자하지 않고도 할 수 있는 일이라면 관심 있을까?

"그럼 좋겠지만…. 그런 게 어디 있어?"

"너 부자 되고 싶지 않아?"

"부자? 되고 싶지 않은 사람이 어디 있니? 근데 뭔 수로?"

"방법, 알고 싶어?"

"……."

"그럼, 혹 네트워크마케팅이라고 들어봤어?"

"어, 그거 다단곈데…."

피차 어떤 사람인지 어떻게 사는지 다 아는 사이이지만 그동안 한 번도 나눠본 적이 없는 네트워크마케팅 얘기를 꺼내면 대부분 친구들은 금세 의심의 눈빛을 보냅니다.

'뜬금없이 연락을 해서 만나자더니…. 음, 다단계가 틀림없어!'

"무슨 이야기를 하려는 건데? 너 다단계 하니?"

"어? 아니, 다단계 아니야."

"그럼 뭔데?"

"아, 그게…. 네트워크마케팅 비즈니스라고…."

친구는 '아, 네트워크마케팅?' 하는 표정으로 마음속으로 복

창하며 쓴웃음을 짓습니다. 그러면서 얼마 전에 다른 친구가 찾아와 비슷한 대화를 나눈 때를 기억해냅니다.

"다단계네, 뭐."

"아니라니까."

"에이, 뻔한데 뭐가 아냐?"

금세 분위기가 싸해지면서 대화가 어색하게 흐릅니다. 다단계다 아니다 하며 논쟁하다가 이야기를 다 듣기도 전에 "다단계가 틀림없다"라며 손을 내젓고 마는 사람들이 대부분입니다. '그래, 네 이야기 한번 들어보자' 하며 귀를 기울여주면 좋으련만 왜 찾아왔는지 더 이상 궁금해 하지도 않습니다. 친구는 "이미 다 안다"고 이야기하며 한심한 눈빛으로 저를 쳐다봅니다.

상황이 왜 이렇게 전개되는 걸까요? 네트워크마케팅 경험이 없어 보이는 내 친구는 충분히 알아보고 비즈니스를 하고 있는 내 앞에서 어떻게 "잘 안다"고 단언하는 걸까요? 실제로 다단계와 네트워크마케팅은 같은 것일까요? 아니라면, 어떻게 다를까요?

좀처럼 끝나지 않는 논쟁에 지치고 경험이 쌓이다 보니 이제

거꾸로 질문을 던지는 요령도 생겼습니다.

"그래, 네트워크마케팅이 다단계를 듣기 좋게 포장한 거라고 치자. 그런데 네가 잘 안다는 다단계는 도대체 뭐니? 그리고 뭐가 문젠데?"

지금까지 다단계는 뻔하다고, 다 안다고 열을 올리던 친구도 이런 질문에는 대답을 금세 못 합니다. 사실 잘 모르기도 하지만 깊이 생각해보거나 관심을 갖고 알아본 적이 없기 때문이겠지요.

"뭐긴 뭐야. 사람들을 이용하고 피해를 주는 거지!"
"어떻게 피해를 주는데?"
"필요하지도 않은 걸 터무니없이 비싼 값으로 파는 거 아냐?"
"그래? 그럼 터무니없이 비싸게 파는 거라고 치자. 필요 없으면 안 사면 되지. 그리고 어떻게 피해를 주는데?"
"……."
"그동안 알려진 다단계 피해들은 나도 들어서 알고 있어. 그래서 말인데 혹시 네가 다단계라고 하는 게 먼저 시작한 사람이 뭔가 유리하다는 뜻이니? 그래서 나중에 한 사람이 결국 피해를 입을 거라는…."

"맞아, 바로 그거야."

"그리고 필요하지 않은 걸 억지로 사게 만들고?"

"그렇지!"

"그럼 먼저 시작한 사람만 유리한 게 아니고, 필요 없는 물건을 사게 하는 게 아니면 괜찮은 거네?"

"……."

"그게 네트워크마케팅이야. 다단계판매하고 다른 점이거든."

"에이, 그럴 리가…. 잘 이해가 안 되는데."

"정말이야. 나도 같은 줄 알았는데 전혀 다르다는 것을 이해하게 됐어. 사실 나도 놀랐어. 그래서 알려주려고 만나자고 한 거야!"

"됐어, 난 관심 없어."

나름 이야기를 잘 풀어냈다고 생각했지만 여전히 친구는 요지부동 이해하려고 하지 않습니다. 내가 왜 이런 걸 하는지 궁금은 하지만 묻지도 않습니다. 또 다르다고 해도 굳이 자세히 알려고 하지 않습니다. 이미 알고 있는 뻔한 걸 텐데, 괜히 호응했다가 더 깊이 엮이면 안 된다고 생각하는 걸까요?

그렇지만 제게는 이제 시작일 뿐입니다. 저에게 그랬던 것처럼 친구에게도 스페어타이어가 될 수 있을 것이라는 믿음과, 그 믿음을 나누겠다는 진정성이 있기에 먼저 멈추는 일은 결코 없을 테니까요.

2장

네트워크마케팅을
이해하다

어떤 일이든 완벽하게 이해한다는 게 가능할까요? 그렇지 않을 겁니다. 무엇이든 어느 정도 이해하기까지는 시간이 필요하고, 시간이 흐를수록 점점 '더 많이' 알아가고 이해하는 것이지요. 그게 무엇이든 더 많이 알아갈수록 모르는 것도 많아지는 게 세상의 이치이니 결코 '완벽하게 다 안다'는 없습니다.

제가 네트워크마케팅을 이해하기 시작하고 비즈니스를 해온 지 20여 년이 넘었지만 여전히 다 안다고 말하지 못합니다. 많은 것을 알아보고 공부하고 경험해왔지만 계속해서 공부하고 이해해야 할 것이 많다는 사실이 신기할 정도입니다. 어려워서가 아니고 그만큼 큰(big) 비즈니스 기회이기 때문인데, 한편으로는 참 다행이라는 생각이 듭니다. 사람이 배울 게 없다는 것, 뭐든 다 안다는 것은 '더 이상 성장할 여지가 없다'는 의미이기 때문입니다. 제법 오랜 경험과 적지 않은 나이에도 모르는 게 있고 배울 게 있다면 계속 성장하고 있다는 뜻이니 진정 축복으로 이해해야 합니다.

무슨 공부를 그렇게 계속 해야 하느냐고요? 바로 '사람 공부'입니다. 학문적 분류로 보자면 사고(思考)와 행동의 다양성을 연구하는 인문학이나 심리학에 가깝고, 몸과 건강을 공부하는 생물학이나 보건학과도 가깝습니다. 학문이라고 생각하면 어렵게 느껴지지만 자세히 들여다보면 우리가 살면서 부딪히는 모든 것이라고 할까요?

네트워크마케팅의 '네트워크'는 바로 인간관계(human network)입니다. 사람들이 갖는 꿈과 희망을 이해하고, 늘 행복하다고만은 할 수 없는 현실 속에서 그 현실과 꿈을 대하는 생각, 태도, 실천에 의해 나타나는 다양성에 대한 이해 말입니다. 누구는 꿈이 있고, 누군가는 찾아 움직이고, 누군가는 성공하고, 또 누구는 왜 좌절만 하는지에 대한 답을 인간관계 안에서 찾을 수 있습니다.

비어가는 치즈 창고,
당신의 선택은?

○

스펜서 존슨(Spencer Johnson)은 《누가 내 치즈를 옮겼을까?》에서 우리 삶의 단면을 우화적으로 보여줍니다. 변화로 조여오는 현실 속에서 다르게 반응하는 생쥐와 꼬마 인간…. 당신은 어느 쪽인가요?

《누가 내 치즈를 옮겼을까?》는 변화를 감지하고 부지런히 준비하고 기회를 찾아 움직이는 자만이 변화 속에서 살아남을 수 있다는 교훈을 주는 우화로, 치즈를 주식으로 하는 두 마리의 생쥐 스니프와 스커리, 그리고 두 명의 꼬마 인간 헴과 허의 이야기입니다.

그들은 매일 가장 좋아하는 치즈를 찾아 미로를 돌아다니다가 치즈가 가득한 창고 C를 찾게 됩니다. 그후 매일 생쥐와 꼬마 인간은 자신들의 삶이 걸려 있는 치즈 창고 C로 향합니다. 치즈가 늘 가득 차 있으니 그들의 삶은 안락하고 풍족합니다. 안전지역(comfort zone)에 머물며 매일매일을 평화롭게 살아갑니다. 하지만 생쥐들은 치즈가 점점 줄어들고 있음을 눈치 챕니다. 언제 치즈가 바닥날지 모르니 늘 창고를 세심하게 살핍니다. 여차하면 언제든 새 창고를 찾아 뛰어야 할 것이라는 생각에 운동화를 허리에 늘 차고 다니지요. 하지만 두 꼬마 인간은 느긋하게 창고 옆에 신발을 풀고 안주합니다. 치즈 창고가 언제까지나 가득 차 있을 것이라고 믿습니다.

어느 날 아침, 생쥐 스니프와 스커리가 창고에 도착하였을 때 창고가 텅 빈 것을 발견합니다. 변화를 감지한 생쥐들은 더 이상 창고 C에 미련을 두지 않고 운동화 끈을 질끈 동여매고 새로운 치즈 창고를 찾아 떠납니다. 하지만 뒤늦게 창고가 비어 있는 것을 확인한 꼬마 인간 헴과 허는 눈앞에 벌어진 현실을 도저히 믿지 못하고 변화를 인정하지도 않습니다.

"누가 내 치즈를 옮겼을까?"
"어떻게 내게 이런 일이 일어날 수 있지?"
"어제까지만 해도 괜찮았는데…"

헴과 허가 여전히 치즈 창고 C에 남아 변화를 받아들이지 못하는 동안 일찌감치 창고를 떠난 스니프와 스커리는 또 다른 치즈 창고 N을 찾아 새로운 기회와 풍족한 환경을 누립니다.

시간이 흐르고 굶주림과 스트레스 속에서 지내던 꼬마 인간 허는 마침내 자신이 한심하다는 것을 깨닫습니다. 늦었지만 막연한 기대 속에서 고통받는 대신 새로운 치즈를 찾아 떠나기로 하지요. 하지만 헴은 미로 속을 헤매야 한다는 사실이 더 두렵습니다. 여전히 치즈 창고 C가 비었다는 환경의 변화를 믿을 수도 받아들일 수도 없습니다. 그대로 남아 치즈 창고 C가 누군가에 의해 다시 가득 차기만을 기다립니다.

허는 새롭게 꿈과 희망을 가지고 새로운 치즈 창고를 찾아 떠납니다. 다시 행복해질 자신의 모습을 떠올리며 두려움을 떨치고 달려 나갑니다. 한참을 헤맨 끝에 허는 마침내 치즈 창고 N을 발견하고, 앞서 변화를 받아들인 살찐 생쥐들과 기쁨의 재회를 합니다.

저희 가족에게 네트워크마케팅은 직장생활의 끝을 대비하는 새로운 치즈 창고 N과 같았습니다. 스페어타이어를 준비하는 뜻으로 시작된 것이었으니까요.

4차 산업혁명의 시대라 불릴 만큼 변화가 빠른 시대에 우리는 살고 있습니다. UN 보고서에 의하면 조만간 1억 개의 일자리가 지구상에서 사라지고 점점 더 많은 인공지능(AI)과 로봇이 일자리를 대체할 것이라고 합니다. 그리고 최근 몇 년 동안 우리는 그 경고가 현실이 되어가는 것을 보고 있습니다. 치즈 창고는커녕 찾아 움직일 미로마저 없어질 것을 걱정해야 한다면 기우일까요? 설사 세상이 급변하더라도 두 마리 생쥐와 꼬마 인간 허처럼 새로운 기회를 찾아 떠난다면 결국 새 치즈 창고를 발견하게 될 것인데, 네트워크마케팅이 새로운 기회 중의 하나가 될 것입니다. 변화의 수단을 찾고 있는 사람들만이 알아보겠지만요.

다행히도 저는 그동안 많은 사람들에게 네트워크마케팅을 소개하고 안내하면서 그런 이들이 점점 늘고 있음을 경험으로 증명해 보이고 있습니다. 더 **다행스러운 것은 당신에게도 새로운 기회를 소개할 누군가가 찾아올 것이라는 점입니다. 그때 기회를 맞을 준비가 되어 있다면 반드시 잡을 수 있습니다. 네트워크마케팅에 대한 올바른 변별력을 가지고 있다면 말이죠.** 그리고 시간이 조금 더 지나면 네트워크마케팅이라는 기회를 선물로 받을 누군가를 위해 당신이 찾아가게 되겠지요.

찾아가는 비즈니스인가,
찾아오는 비즈니스인가?

요즘 시대를 살면서 남녀노소 누구나 한 번쯤은 네트워크마케팅을 어떤 형태로든 접하지 않았을까 생각합니다. 아직 접해보지 않았다면 사람과 사람의 관계를 타고 전달되는 형태이니만큼 곧 접하게 되겠지요. 그렇게 해서 네트워크마케팅에 관심을 갖게 된 분들은 '네트워크마케팅을 만났다'라고 표현합니다. 다양한 지식과 정보가 너무나 쉽게 공유되고 확산되는 인터넷 시대에 네트워크마케팅이란 이름은 미디어에서 또 주변에서 많이 듣게 되지만 실제로는 누군가가 찾아오기 전에는 좀처럼 만날 수 없는 기회이기 때문일 것입니다.

그렇습니다. **네트워크마케팅은 누군가 찾아오면서 만나게 되고 그다음은 내가 누군가를 찾아가면서 시작되는 비즈니스입니다. '그'에게는 또 누군가가 찾아오는 만남으로 시작되지요. 그러니 점포도 필요 없고 자본도 필요 없습니다. 무점포·무자본 사업입니다.** 돈을 투자해 가게나 회사를 차려놓고 누가 오기를 기다리는 비즈니스가 아니란 뜻이지요. 시간을 내어 찾아가 이야기를 건네는 게 시작의 전부입니다. 그렇다 보니 조금이라도 자투리 시간을 낼 수 있다면 누구나 할 수 있습니다.

어떤 분들은 자신을 찾아오는 사람들을 보면서 종종 방문판매와 다르지 않다고 생각하고 '나는 할 수 없을 거야' 하며 혼란을 겪기도 합니다. 찾아와 부탁을 하거나 아쉬운 소리를 하는 것처럼 오해도 합니다. 찾아온 이가 제품을 직접 들고 온 것도 아닌데 그렇게 생각합니다. 그리고 돈을 벌려면 뭔가를 영업 혹은 판매하는 것이라는, 어찌 보면 당연한 고정관념 때문에 당연히 자신은 할 수 없다고 생각합니다. 실제로 어떤 분들은 비즈니스의 윤리적 가치와 자신의 꿈에 다가갈 수 있는 놀라운 수단으로 보기보다는 다른 사람들을 '찾아가 만나야' 한다는 데 더 신경을 씁니다. 그래서 네트워크마케팅은 어려울 거라고 말하며 핑계를 댑니다.

네트워크마케팅에 대해 잘 이해한다고 말하면서 결국은 "내가 할 일은 아니다"라고 말하는 이들도 많습니다. 가장 큰 핑계는 가족과 미래를 준비하는 수단으로서 한번 부딪혀봐야겠다는 적극적인 생각보다는 '누군가를 찾아가야 한다'는 것에 겁부터 내기 때문입니다. 또 상대방의 거절에 대한 막연한 두려움과 게

으름이 발목을 잡습니다.

뭔가 미래를 준비할 수단이 필요한데 사람들을 찾아가 만나는 게 어렵다고 생각하는 이들은 더 쉬운 사업을 찾아 나섭니다. 그래서 돈을 투자해 가게나 사무실을 차리고 사람들이 찾아오기를 기다립니다. 또는 주식투자나 가상화폐 투자에 매달립니다. 요즘 인터넷쇼핑몰이 우후죽순처럼 생기는 것도 마찬가지 이유입니다. 빚을 내 자영업을 하는 이유도 똑같습니다. 그건 잘할 수 있겠다고 생각합니다. 그런데 사람들이 찾아오게 하는 것은 쉬울까요? 수많은 가게와 사무실, 인터넷쇼핑몰이 생긴 지 얼마 안 되어 사라지는 것을 보면 나를 알려 찾아오게 하는 것은 어쩌면 더 어려운 일 같습니다.

소비자들로부터 선택되기 위해서는 많은 비용과 투자를 필요로 합니다. 기본적으로 경쟁적 상황에 놓이기 때문입니다. 아이디어만으로 되는 일이 아닙니다. 소비자들은 주머니에서 돈을 꺼내는 일에 까다롭기에 장기간 경쟁력을 유지하면서 나를 알리려면 많은 비용이 들고 투자도 지속적으로 해야 합니다.

소비자가 찾아오게 하는 비즈니스에서 실패한 경험이 있는 이들은 '내가 주도적으로 찾아가는 비즈니스'가 더 잘하기 쉽다는 사실을 압니다. 좋은 기회가 있다면 잡고 싶어 합니다. 스스로

움직이면 자신이 상황을 통제할 수 있으니 결국 '하기 나름'이란 사실을 깨닫는 것이지요. 물론 네트워크마케팅에 대한 철저한 이해와 용기가 필요합니다.

　누군가가 찾아오면 어떤 사람들은 인상을 찌푸리며 거절하거나 부담스럽다며 피하려고 합니다. '나에게 뭘 팔려고?' 혹은 '감히 나에게 다단계(혹은 피라미드)를 이야기하다니' 하면서 기분 나빠 하는 사람도 있을 겁니다. 앞서 말했듯이 어떤 이들은 내용을 알고 난 후에도 네트워크마케팅이 주는 가치와 비전에 관심을 갖기보다는 사람들의 부정적 선입관과 반응을 먼저 떠올

내가 '찾아가는' 비즈니스	소비자가 '찾아오게' 하는 비즈니스
무점포, 무(소)자본으로 시작할 수 있다.	위치, 편리성, 인테리어 등 시작할 때부터 투자가 필요하다.
내가 부지런히 움직이면 된다.	광고, 홍보에 비용이 든다.
꿈이 있으면 선택 가능하다.	돈(자본)이 있어야 선택 가능하다.
상황을 통제할 수 있다.	통제할 수 없는 변수가 더 많다.
개인의 성품과 용기, 신뢰가 자산이다.	경영 능력과 수준 높은 전략이 필요하다.
방문판매, 합법적 다단계, 네트워크마케팅 등이 대표적이다.	점포, 사무실 등을 갖춘 자영업, 중소기업이 대표적이다.

립니다. 당연히 더 알아보고 이해하려고 하기보다는 자신이 받을 거절에 대한 두려움에 일찍부터 크게 움츠리는 분들도 많습니다. '나는 그런 일 못 해!' 하면서 말입니다.

사실 제가 그랬지요. 시간이 갈수록 네트워크마케팅에 대한 이미지가 좋아지고 있다지만 사람들의 고정관념과 두려움은 그리 쉽게 바뀌지 않는 것 같습니다. 판매하기 위해서가 아니어도 어떤 목적을 가지고 누군가를 찾아가는 일은 항상 떨리고 두려운 일이지요. 대부분 한 번도 경험해보지 못한 새로운 일이기 때문에 기대하는 반응을 얻지 못하고 당혹해 하는 장면을 먼저 떠올리게 되지요. 저처럼 소심하고 용기가 없는 사람들이 느끼는 두려움은 더욱 큽니다.

만일 네트워크마케팅을 표방하면서 점포나 사무실을 차리거나 요구받는 경우가 있다면 조심하세요. 그건 다단계판매의 변칙일 뿐이지, 적어도 구전에 본질을 둔 진정한 네트워크마케팅은 아닙니다.

네트워크마케팅을
잘 아신다고요?

◉

저는 네트워크마케팅에 관심을 갖지 않을 수 없었습니다. 금전적 리스크가 없고 직장을 유지하면서 자투리 시간으로 가능하다 하니 안 할 이유도 없었지만, 무엇보다 경제적·시간적으로 자유로워지고 싶었거든요. 네트워크마케팅을 하면 얻을 수 있다는 '꾸준히 커가는 추가수입'이 내 꿈을 실현시켜주지 않을까 하는 기대감도 있었지요.

네트워크마케팅 비즈니스 혹은 네트워크마케팅이라는 단어는 대부분 들어보았을 것이라 생각합니다. 구전(口傳)이라는 사업적 특성 덕분에 많이 알려지기도 했거니와, 언론이나 미디어에서도 이전보다는 긍정적인 관점으로 네트워크마케팅을 소개하는 내용들이 많아졌기 때문입니다. 그래서인지 많은 분들이 나름 '다 안다'고 생각하지요. 하지만 제대로 알고 있는 사람보다는 '그거 다단계 아냐? 이름만 바꾼…'이라고 생각하거나 여전히 먼저 시작한 이들만 혜택을 받는 '피라미드 상술 아냐?'라고 생각하는 사람들이 아직도 더 많습니다.

한편으로 네트워크마케팅 비즈니스를 잘 안다고 하면서, "나는 그런 거 절대 안 해"라고 하던 이들이 결국 불법 피라미드나 다단계에 빠져 있는 분들도 봅니다. 아마 쉬운 방법으로 빨리 많은 돈을 벌 수 있다는 유혹에 빠져서 그랬겠지만, 실제로는 무엇이 올바른 네트워크마케팅인지 제대로 이해하지 못한 채 스스로는 잘 알고 있다고 착각한 결과로 볼 수 있습니다. 그런 분들은 주변 사람들에게 네트워크마케팅에 대한 부정적인 이미지를 심어주거나 더 큰 오해를 불러일으키는 원인을 제공하기도 합니다.

참으로 아이러니한 것은, 그런 부정적 이미지나 오해로 인해 올바른 네트워크마케팅이 우리 곁에 기회로써 늘 남아 있을 수 있다는 사실입니다. 즉 주변에서 네트워크마케팅을 이야기하는 분들이 많은 것 같아도 '다 안다'거나 부정적인 오해로 인해 실제로는 네트워크마케팅을 제대로 알고 있는 이들이 많지 않기 때문에 '네트워크마케팅이야말로 인터넷 시대에 새롭게 떠오르는 기회'임을 알려주고 이해시키면 관심을 가질 사람들이 아주 많기 때문입니다. "좋은 건 아는데 이제 끝물 아니에요?" 하며 제법 아는 척하는 분들도 있지만, 내가 먼저 세내로 이해해야 전달하고 나눌 수 있는 비즈니스이다 보니 오히려 그런 현실이 소비와 구전의 대상으로 늘 열려 있는 것이지요. 경쟁이 없는 일종의 블루오션(68쪽 참고)* 영역이라고 할까요?

실제로 네트워크마케팅에 대해 부정적인 선입관을 갖거나 주변에서 좋지 않은 경험을 한 사람들은 기회가 와도 들어보려고도 하지 않습니다. 또는 귀를 닫는 바람에 들어도 이해하지 못합니다. 무엇이든 그렇듯이 고정관념은 많은 것을 멈추게 하고 외면하게 만들기 때문이지요.

어떤 경우든 기회는 긍정적인 이해나 포용력이 있을 때만 발견될 수 있습니다. 긍정적인 사람만이 어려움 가운데서도 가능성을 보고 해야 할 일, 앞으로 나아갈 이유를 찾습니다. 이것이 바로 더 나은 삶을 추구하게 하는 '긍정의 힘'입니다.

비록 당신이 과거에 부정적인 경험이 있었다 하더라도 한 번쯤은 긍정의 힘을 꺼내 쓸 때가 있을 겁니다. 그때가 언제냐고요? 네트워크마케팅을 만나고 있는 바로 지금입니다!

* 네트워크마케팅은 블루오션

블루오션(Blue Ocean)은 프랑스 유럽경영대학원 인시아드의 김위찬 교수와 르네 마보안 교수가 저술한 책《블루오션 전략》에서 인용된 용어다. 살아남기 위하여 서로 물고 뜯는 치열한 경쟁과 붉은 피로 상징되는 레드오션(Red Ocean)과 대비되는 개념으로, '싸움이 없고 경쟁이 없는 푸른 바다'를 상징한다.

네트워크마케팅 비즈니스에 대해 잘못된 이해와 행태 때문에 부정적인 선입관과 고정관념을 가진 사람들이 많다. 그래서 누군가가 네트워크마케팅 이야기를 꺼내면서 다가오면 무조건 피하려는 사람들이 늘 존재한다. 아이러니하게도 그래서 시장은 열려 있고 경쟁의 개념도 거의 없는 셈이다. 늘 새로운 기회로서 네트워크마케팅의 가치와 비전을 알리고 올바른 모습을 보여주고 싶은 대상은 주변에 늘 있다는 말이다. 따라서 네트워크마케팅 비즈니스는 언제나 블루오션 비즈니스 영역으로 남아 있을 것이다.

세상의 어떤 일, 어떤 분야든지 시간이 지나면서 환경이 변한다. 또 잘못된 고정관념과 비즈니스 행태는 끊이지 않기 때문에 간혹 똑똑한 사람들이 제기하는 '시장 포화론(꽉 차서 더 이상 여지가 없다)'은 단지 이론적 상상력이 만들어낸 가정에 그칠 뿐 결코 오지 않는다. 레드오션에서조차 사라지는 것들로 인해 늘 여지가 만들어진다. 네트워크마케팅 역시 '모든 사람들이 이미 긍정적이어서 더 이상 알릴 사람이 없다'는 경우는 발생하지 않는다. 오히려 그런 기우(杞憂)로 망설이는 이들로 인해 늘 새로운 기회로 존재한다. '포화가 되면 어떡해요?'라는 걱정을 20여 년 전부터 지금까지 들어왔듯이 말이다.

네트워크마케팅을
정의하다

◉

이쯤에서 제 안에 웅크리고 있던 '가장으로서의 동물적 감각'을 이끌어낸 네트워크마케팅에 대해 자세히 말씀드리겠습니다. 도대체 네트워크마케팅은 무엇이고 어떻게 비즈니스가 되며 왜 하는 걸까요? 적지 않은 기간의 경험을 바탕으로 정의를 내리고 구체적으로 살펴보려고 합니다.

우선, 가장 핵심적인 본질을 정의하면 다음과 같습니다.

네트워크마케팅 비즈니스 =

소비의 만족스런 경험과 제품의 감동을 적극적으로 소개하고 구전함으로써 나와 같은 애용자를 만드는 일

이해가 되시나요? **누군가로부터 소비와 구전 광고에 대한 보상이 있을 수 있고, 모든 비즈니스의 핵심은 결국 '애용자 만들기'라는 사실을 인정만 하면 이해가 참 쉬운 비즈니스입니다.** 소비에 대해서는 캐시백(현금이 아닌 실물 형태의 포인트)이 점점 일반화되고 있지만 이제

껏 구전 광고에 대한 보상을 누가 줘본 적도 받아본 적도 없기에 이해가 쉽지 않을지도 모르겠습니다. 하지만 **네트워크마케팅이 '자주 오는 단골손님에게, 주변에 입소문을 잘 내는 단골고객에게 고마움을 표시하고자 하는 가게 주인이 있다'는 생각에서 출발한 비즈니스임을, 그런 가게 주인이 있을 수 있다는 것을 인정만 하면 이해하기가 쉽습니다.** 어쩌면 매우 상식적인 일일 수도 있지만, 이제까지 그렇게 하는 가게 주인을 만나거나 경험한 적이 없어 '에이, 그런 사람이 어디 있겠어?'라는 생각이 들 수도 있습니다. 그러나 고마움의 표시로 '단골손님으로 인해 자신이 번 돈의 일부를 그들과 나누는 것'이 바로 올바른 네트워크마케팅의 본질입니다.

여기서 네트워크는 소비자 및 애용자 네트워크를 의미합니다. 애용자는 쉬운 표현으로 '단골'과 같은 말입니다. 단골이 단골을 만드는 네트워크, 구전이라는 끈으로 연결된 인간관계, 즉 휴먼 네트워크(human network)이지요. 네트워크라는 말은 부동산 네트워크, 방송 네트워크, 컴퓨터통신 네트워크 등으로 다양하게 쓰이는데, 때로는 사람들이 연결된 커뮤니티(community)를 의미합니다. 거기에 마케팅이라는 '알리는' 일을 뜻하는 단어가 합쳐졌으니 '소비자로서 만족스런 경험을 알림(소개와 구전)으로써 만들어진 애용자들의 모임'이 네트워크마케팅의 본질과 핵심을 가장 짧게 표현할 수 있는 문장이 됩니다. 이는 누군가가 "네트워크마케팅을 하신다는데 대체 무슨 일을 하나요?"라고 물었을 때 제가 가장 간단하게 하는 대답이기도 합니다.

아마도 '소비와 구전이 비즈니스라면 그게 어떻게 돈이 된다는 말이지?' 하는 의문이 여전히 있을 것입니다. 그래서 앞서 이야기한 '특별한 생각을 가진 가게 주인'을 대답에 포함한다면 이렇게 정의할 수 있습니다.

네트워크마케팅 비즈니스 =
생필품 소비의 만족스런 경험을 소개하고 제품의 감동을 적극적으로 구전하여 자신과 같은 애용자를 만듦으로써 매월 반복되는 소비에 대한 보상으로 파트너 회사(가게 주인)로부터 따박따박 들어오는 캐시백을 받는 일

우리의 소비는 가게 주인, 즉 파트너 회사 입장에서 곧 매출을 의미하기 때문입니다. 나의 소비로 인해 가게 주인이 돈을 번다는 의미지요. 조금 더 살을 붙여볼까요?

네트워크마케팅 비즈니스 =

특정한 생필품 제조사를 파트너로 삼아 제품의 만족스런 소비 경험을 소개하고 제품의 감동을 적극적으로 구전함으로써 나와 같은 애용자(혹은 단골)를 만들고, 애용자들의 반복되는 소비(회사 입장에서는 매출)에 대한 기업의 약속된 보상 규율(rewarding rule)에 따라 소비자는 매월 꾸준한 수입을 확보하고 지속적으로 이를 키워나가는 일

무엇을 판매하여 일회성 판매 수당을 받거나(다단계판매), 금전적 피해를 주면서(피라미드) 마진(margin)을 챙기는 것이 아니라는 뜻입니다. 구분이 되시나요?

어쩌면 문장 자체는 이해가 되지만 소개하고 구전하여 돈을 벌 수 있다는 사실을 이해하기가 어려울지도 모릅니다. 더구나 따박따박 들어오는 꾸준한 수입을 만들고 키워갈 수 있다니! **소개하고 구전하는 일은 광고 효과가 있으니 결과가 있을 때 당연히 광고비를 받고, 한 번의 정직하고 효과적인 구전이 반복적인 소비라는 결과를 만듦으로써 반복적인 보상을 받는 것이라면 이해가 되시나요?** 광고회사가 광고를 해서 돈을 벌 듯이 개인에게도 그런 기회가 있다면, 그게 현실적으로 이루어진다면 누구나 관심을 가질 만하지 않을까요? 이것이 입소문 혹은 구전 광고가 갖는 프로슈머의 가

치입니다.

소비하고 소개하고 구전하는 일이니 하루 종일 회사에 매여 있는 직장인도 아이를 키우는 주부도 할 수 있고, 반복되는 소비에 대한 보상으로 추가수입이 생긴다면 인생의 스페어타이어를 준비할 수 있는 수단으로 충분하지 않을까요?

■ 네트워크마케팅의 사전적 정의

이제까지 제 경험과 실제에 근거한 네트워크마케팅의 정의를 살펴보았습니다. 그러면 우리나라에서 많은 사람들이 신뢰하는 주요 인터넷 포털사이트에서는 네트워크마케팅을 어떻게 정의하는지 살펴볼까요? 우리나라 대표 포털인 다음카카오(DaumKakao)과 네이버(NAVER)에서 정의하고 있는 내용 중 제가 경험을 통해 내린 정의와 맥을 같이 하는 핵심적인 일부를 인용해 봅니다.

기존의 중간 유통단계를 줄이고 관리비, 광고비, 샘플비 등 제비용을 없애 회사는 싼값으로 소비자에게 직접 제품을 공급하고 회사 수익의 일부분을 소비자에게 환원하는 시스템.

일단 소비자 그룹이 형성되면 제품의 우수성으로 재구매가 계속 일어나게 되고, 기존의 소비자를 통해 자연스럽게 홍보가 이뤄지면서 새로운 고객이 늘어나 매출 또한 신장된다. 처음에는 제품을 판매하는 입장이나 나중에는 소비자 관리 차원으로 바뀐다.

우리나라에서는 네트워크마케팅이 다단계판매 또는 방문판매와 혼용되어 사용되고 있다. 네트워크마케팅은 처음에는 수입이 적으나 일정 시간이 지나 자기의 그룹이 형성돼 매출이 지속적으로 늘면 그때부터 만족할 만한 수준에 이르게 된다.

소비자를 판매자로 삼아 구축한 그물망 조직을 활용해 상품을 판매하는 마케팅 방법. 점포가 없는 상태에서 중간 유통단계를 줄여 유통비용을 줄이고, 관리비, 광고비 따위의 여러 비용을 없애 싼값으로 소비자에게 제품을 직접 공급하고 수익의 일부분을 소비자에게 돌려주는 체계이다.

또한 《매일경제 용어사전》에서는 이렇게 정의하고 있습니다.

네트워크마케팅이란 기존의 중간 유통단계를 배제하여 유통마진을 줄이고 관리비, 광고비, 샘플비 등의 제비용을 없앰으로써 회사는 싼값으로 소비자에게 제품을 직접 공급하고 회사 수익의 일부분을 소비자에게 환원하는 시스템.

일단 소비자 그룹이 형성되면 제품의 우수성으로 재구매가 계속 일어나고 기존 소비자가 주위에 자기가 사용하는 제품의 우수성을 이야기하는 과정에서 자연스럽게 새로운 고객을 소개받게 되어 매출이 신장된다. 그리고 제품을 써보고 좋아 소개하는 사람 대부분이 사업자가 된다. 소개가 중요한 이유는 이 때문이며, 한마디로 농부가 씨를 뿌리는 것과 비슷하다. **그래서 기존의 개념으로는 소비자이면서 동시에 사업자라는 개념을 이해하는 데 어려움이 있었다.**

네트워크마케팅은 처음에는 제품을 판매하나 나중에는 소비자 관리 차원이다. 네트워크마케팅은 자기의 다운라인 전체에서 유통된 제품에 대해 회사가 보너스를 지급한다. 그러므로 보너스를 받기 위해서는 회원을 많이 가입시키는 것만으로는 소용없고 그 **회원들이 제품을 애용해야 한다. 이것이 피라미드와 근본적으로 다른 점이며, 네트워크마케팅은 처음에는 수입이 적으나 일정 시간이 지나 자기 그룹이 형성되어 매출이 늘면 그때부터 만족할 수준에 이르게 된다.** - 《매일경제 용어사전》

문장 속에 여전히 '제품 판매'가 기본인 것처럼 씌여있다는 것을 제외하면, 비교적 객관적이고 이해하기 쉬운 정의이며, 저의 경험에 비추어보아도 전반적으로 공감할 수 있는 내용입니다. '다운라인(down line)', '자기 그룹' 등 네트워크마케팅을 처음 접하는 사람들에게는 생소한 표현도 있지만 그 뜻을 짐작할 수 있을 것입니다. 그래서 다단계에서도 같거나 비슷한 용어를 사용합니다.

주목할 만한 것은 이러한 객관적인 정의에서도 네트워크마케팅이 피라미드와 어떻게 다른지, 일반 판매(다단계)와 무엇이 다른지, 판매원과 소비자의 차이 등에 대해 분명하게 설명하고 있다는 점입니다. 특히 **'제품의 우수성으로 재구매가 계속 일어나고', '제품을 써보고 좋아 소개하는'은 네트워크마케팅의 핵심을 지적하는 아주 중요한 대목입니다.** 또 '소비자이면서 동시에 사업자라는 개념을 이해하는 데 어려움', '판매의 어려움을 극복한', '프로세일즈맨이 아니라 보통사람들이 하는'은 네트워크마케팅을 판매(sales)로 오해했던 이들에게 판매와 네트워크마케팅이 어떻게 다른지를 분명히 알려줍니다.

끝으로 정부가 발행하는 《시사경제 용어사전》을 살펴봅니다.

기존의 중간 유통단계를 줄이고 관리비, 광고비, 샘플 비용 등 제비용을 없애 회사는 싼값으로 소비자에게 직접 제품을 공급하

고 회사 수익의 일부분을 소비자에게 환원하는 시스템. 마케팅 종사자는 끊임없이 소비자를 발굴해 판매를 해야 하고, 매월 새로운 실적을 쌓아야 한다. 일정 금액 이상을 판매하는 종사자에게 보너스를 지불한다.

그러나 일단 소비자 그룹이 형성되면 제품의 우수성으로 재구매가 계속 일어나고, 기존의 소비자를 통해 자연스럽게 홍보가 이뤄지면서 새로운 고객이 늘어나 매출 또한 신장된다. 처음에는 제품을 판매하는 입장이나 나중에는 소비자 관리 차원으로 바뀐다.

마케팅 종사자가 회사로부터 인센티브를 받기 위해서는 회원들이 판매한 제품을 애용해야 한다. 회원 수만 늘어나는 것은 소용이 없다. 이것이 '피라미드' 또는 '다단계'와 근본적으로 다른 점이다. 네트워크마케팅은 처음에는 수입이 적으나 일정 시간이 지나 자기 그룹이 형성돼 매출이 늘면 그때부터 만족할 수준에 이르게 된다. -《시사경제 용어사전》 (2010. 11. 기획재정부)

여기에서도 짧은 문장 안에서 피라미드와 다단계판매의 근본적인 차이점을 지적하고 있습니다. '소비자에게 환원하는 시스템'이라고 소비자를 지칭하면서 한편으로는 '판매를 해야 하고',

'판매하는 종사자'라는 표현을 쓰거나, 다시 '마케팅 종사자'로 바꿔서 표현한 부분이 있어 어떤 분들은 조금 혼란스러울 수도 있지만요.

이렇게 사회적으로 상당한 이해가 있음에도 우리나라 법률에서는 아직 네트워크마케팅이 별도로 구분하여 기술되지 못하고 '방문판매 등에 관한 법률'에서 다단계판매와 일괄하여 동일하게 적용합니다. 그래서 어떤 이들은 네트워크마케팅을 이해했다가도 회원가입 단계에서 '다단계판매원으로 등록된다'는 조항 때문에 거부감을 표시하지요. 현실이 이러함에도 비교적 큰 신뢰를 가지고 공공적인 효력을 갖는 포털사이트와 정부가 발행한 사전에서 네트워크마케팅이 피라미드는 물론 다단계판매와 어떻게 다른지를 분명하게 서술하고 있다는 것은 우리나라에서 네트워크마케팅에 대한 이해가 이미 상당한 수준에 있다고 말할 수 있습니다.

네트워크마케팅과 다단계판매는
이렇게 다르다

◉

그럼에도 불구하고 여전히 많은 사람들이 네트워크마케팅과 다단계판매를 동일시하고 있습니다. 한편으론 다단계에 관한 부정적 인식 속에서도 네트워크마케팅이 늘 기회로 남아 있다는 점이 다행이기도 하고 흥미롭기도 합니다. 한마디로 블루오션이지요.

한번은 한참 나이 차이가 나는 젊은 후배가 찾아왔습니다. 어찌하다 보니 비교적 일찍 회사를 나와 재취업의 기회를 찾고 있었습니다. 제가 오랜 직장의 경험을 살려 종종 취업 및 취업 관련 면접을 가르치고 취업 상담도 해준다는 얘기를 듣고 조언을 얻고자 하였지요.

새 직장을 찾기 위한 준비와 요령에 대해 두루 이야기를 나눈 후에 후배는 제가 하는 네트워크마케팅에 관한 질문을 했습니다.

"네트워크마케팅을 하신다고 들어 알고 있었습니다만, 그게 정말 비즈니스가 되나요?"

"왜, 관심이 있어?"

"아뇨, 그냥 궁금해서요."

"이야기가 나왔으니 말인데, 함 알아보면 어떨까?"

재취업의 기회를 찾는 동안은 시간 여유도 있는 편이고 어차피 취업을 해도 직장은 평생 다니는 곳이 아니므로 **100세 시대를 준비하는 수단으로 네트워크마케팅을 알아보라**고 권했습니다. 언제든 스페어타이어가 될 수 있다고요. 그러자 후배는 "네트워크마케팅에 대해서는 모르는 것도 아니고 부정적인 생각이 없는 것은 아니지만 선배가 그렇게 오랫동안 하는 걸 보니 궁금해졌다"고 했습니다. 그래서 30~40분 정도 종이에 쓰고 그려가며 제가 하는 네트워크마케팅을 설명했지요. 그는 꽤 집중해서 흥미롭게 듣는 듯했습니다.

"그래, 들어보니 어때? 원래 알던 것과 많이 다르지 않아?"

"조금은요. 캐시백 개념도 흥미롭고, 피라미드처럼 시작 시기가 중요한 게 아니라 각자 노력의 크기와 기여도에 따라 캐시백이 된다는 점도 특이하네요. 정말 그렇다면 제가 알던 것과는 많이 다르군요."

"그럼 한번 진지하게 알아보지 않을래? 내가 안내해줄까?"

"아, 잠깐만요. 그래도 저는 영업은 못 할 것 같아요."

"영업?"

"네. 소개다 구전이다 하지만 결국은 뭘 팔아야 하잖아요?"

"어? 파는 게 아니라고 했는데…."

"그래도 어차피 파는 거예요. 결국 사게 해야 하잖아요."

저는 답답했습니다. 오랫동안 네트워크마케팅을 하면서도 단한 번 듣고 제대로 이해하는 사람을 본 적은 없었지만 그래도 이 후배는 제법 마음 문을 열고 듣고 이해하는 것 같았기 때문입니다. 제 설명이 뭔가 부족했던 걸까요?

"일종의 영업이라 치자. 그렇지만 네 꿈을 이룰 수 있고 미래를 준비할 수 있다면 한 번쯤 시간을 투자해서 어떤 일인지 알아봐야 하지 않을까? 이미 설명했듯이 내 소비 경험을 '알리는' 일이지 파는 게 아니라니까."

"아무튼 영업이나 판매는 제 적성에 안 맞아요."

"음, 내가 설명을 잘못했나 봐. 미안해. 하지만 이게 파는 거라면 내가 지금 너에게 뭔가를 팔고 있어야 하는데, 그건 아니잖니?"

"……."

그는 약간은 혼란스러워하면서도 '아무튼 절 꼬드기고 있잖아요?'라고 항변하는 듯한 표정을 지었습니다. 결국은 이해가 깊어져 지금은 자신의 꿈을 찾아 저와 함께 나아가고 있지만, 가끔 그때를 떠올리며 '적성에 안 맞는다더니…' 하면서 함께 실소(失笑)를 하곤 합니다.

왜 많은 분들이 네트워크마케팅을 다단계판매와 동일시하거나 혼란스러워 할까요? 아마도 그 이유는 네트워크와 다단계, 그리고 이 후배처럼 마케팅과 세일즈의 차이에 대한 이해 혹은 변별력이 부족하기 때문이 아닐까 합니다. 부정적인 소문에서 왔든, 잘못된 지식에서 왔든, 아니면 어떤 경험에서 왔든 한번 만들어진 고정관념을 넘어서는 것은 참 어렵다는 생각이 듭니다. 이 후배는 돈을 벌려면 결국 무엇이든 만들거나 팔지 않으면 안 될 것이라는 고정관념을 가지고 있었던 거지요.

더 깊이 설명하기 전에 한 가지 분명히 해둘 것이 있습니다. 그건 많은 분들이 잘못 알고 있는 점인데, **다단계판매가 불법이라**

든가 나쁜 방식이 아니라는 사실입니다. **법으로도 인정하는 유통 형태 중의 하나로, 찾아가는 영업 혹은 방문판매 방식일 뿐입니다.** 다만 대부분의 사람들이 판매원을 경계의 대상으로 보는 경향이 있고 '파는 것은 내가 하기 어려운 것'이라는 고정관념이 있을 뿐입니다.

■ 다단계 VS. 네트워크

단어 풀이를 통해 그 차이를 살펴보겠습니다.

우리나라 방문판매 등에 관한 법률 제2조에 의하면 다단계란 '판매원의 가입이 단계적(3단계 이상)으로 이루어지는 다단계 판매 조직'으로 정의되고 있습니다. 여기서 '단계'는 이어지는 소개 혹은 연결 과정을 의미하는데, 회사를 기준으로 3단계 미만은 방문판매로 규정합니다. 풀어서 말하면 나와 내가 소개한 사람까지 2단계까지의 판매 실적만을 보상에 포함시키면 방문판매, 3단계 이상까지의 실적에 대해서도 보상하면 다단계로 보는 것이지요. 따라서 나중에 가입하는 사람은 먼저 가입한 사람에게 '가입하는' 것이 아니므로 **'다단계'의 의미는 판매원들 간의 소개 행위와 그에 따른 조직 형태와 보상 체계를 표현하는 것일 뿐입니다.**

실제로는 누구나 어떤 회사(법률적으로는 다단계판매 업자 혹은 판매 조직)에 직접 가입을 합니다. 즉 회사와 판매원 간에 실적에 따른 판매 수당(보상) 계약이 이루어집니다. 이후 회사는 판매원들 간의 소개 여부 혹은 교육·훈련에 대한 책임 부여 등을 고려하여 판매원들을 조직화한 것이지요. 그리고 그 보상 체계를 '다단계화'한 것입니다. 즉 조직의 하위층에서 발생한 실적에 대해 먼저 판매원이 되어 소개한 사람들에게 보상을 하는 것이지요. 이 점이 마치 먼저 가입한 사람에게 더 유리한 것처럼 이해될 수도 있습니다. 하지만 하위 판매원의 교육·훈련 등에 기여하는 상위 판매원에 대한 추가적인 보상이기에 이는 정당한 것입니다.

주변에서 쉽게 찾아볼 수 있는 보험회사 영업 조직이 한 예가 될 수 있습니다. 금융상품을 취급하기에 별도의 보험업법을 따르고 있지만 법률로 정의된 다단계판매 조직과 보상 체계는 유사합니다. 즉 다단계판매원에 대한 보상은 순수한 자신의 판매 실적에 대해 합리적으로 약속된 수당 등을 기본으로 하고, 하위 판매원의 매출 실적에 기여한 데에 따른 추가보상으로 이루어집니다. 회사마다 적용 체계는 조금씩 다르겠지만 합리적이고 윤리적이라고 할 수 있습니다.

사실 일반적인 회사의 영업 조직과 비교하면 회사가 고용하는 직원 신분이 아닌 계약에 의한 판매원 신분이라는 점만 다를 뿐

거의 유사합니다. 회사의 정규 고용 조직에서 과장님이 소개한 사람이 회사와 계약하여 입사하고 과장님이 있는 부서로 배치되고 그의 실적과 능력이 과장님 봉급과 수당에 영향을 주는 것과 같은 맥락입니다. 다만 이러한 조직은 기본적으로 같은 종적(hierarchy, 계층적)인 모양을 갖습니다. 상하 혹은 먼저나 나중의 개념이 뚜렷하고 그에 따른 차별적 대우가 정당화된다는 뜻입니다. 그래서 다단계판매 조직이 종종 일반 회사의 직원 조직처럼 삼각형 혹은 피라미드 모양을 갖게 되는 것입니다.

하지만 **네트워크마케팅은 회사 조직도처럼 인위적으로 짜인 것이 아닌, 말 그대로 참여자 상호간에 그물망(network)처럼 비정형적으로 연결된 모습을 갖습니다.** 누구나 파트너 회사와 계약 형태로 직접 회원가입을 하지만 소개한 사람과 소개받은 사람의 연결이 존중

다단계(multi-level)	네트워크(network)
조직이 대부분 종적인(사다리 혹은 피라미드) 형태로, 그 모양이 정형적이다.	조직이 그물, 거미줄 혹은 방사선 형태를 가지며 그 모양이 비정형적이다.
회사가 그 형태를 요구 혹은 통제하므로 융통성이 없다.	자발적, 자생적 또는 필요에 따라 다양한 조직의 형태가 만들어진다.
가치와 보상에 한계가 있다.	가치와 보상에 한계가 없다.

되며, 소개는 언제 누구를 하게 될지 모르기 때문에 그 모양이 미리 정해지지 않습니다. **즉 다단계와 같은 종적 형태이거나 정해진 형태가 아닌 파트너 회사를 중심으로 다양하고 수평적인, 미리 예측할 수 없는 모양을 갖습니다. 따라서 보상 체계도 가입 순서 등이 아닌 회사 입장에서의 기여도(매출 기여도)를 재는 동일한 규율에 따라 보상합니다.** 따라서 참여자 간에 평등하고 신뢰를 기반으로 하는 인간관계가 가장 중요한 전제가 됩니다.

인터넷 웹(internet web)이 발전함에 따라 네트워크라는 단어는 이제 이 시대의 중요한 단어가 되었습니다. 인간관계, 즉 휴먼 네트워크로 시작된 네트워크마케팅이 '인터넷으로 인해 날개를 달았다'라고 하는 이유도 인터넷 웹의 영향이 큽니다. 통신 네트워크, 부동산 네트워크, 소셜 네트워크, 동창생 네트워크 등 무엇이든 연결되고 공유되는 시대입니다. 그리고 더 많이 연결될수록 멧칼프*의 주장대로 그 가치는 커지지요.

인간관계에 기반을 둔 인터넷 기반의 네트워크마케팅이 앞으로 점점 더 관심과 각광을 받을 것은 어쩌면 자연스러운 현상이라 할 수 있습니다.

IT 분야의 선구자 중 한 사람인 밥 멧칼프(Bob Metcalfe)는 '네트워크의 가치는 참여자 수의 제곱에 비례하여 기하급수적으로 증가하며, 적은 노력으로 큰 가치를 만들어낼 수 있다'고 했다. 이는 IT 분야뿐만 아니라 부동산, 여행, 차량, 게임, SNS 등 네트워크로 연결되는 모든 분야에 적용된다.

네트워크마케팅 비즈니스 역시 이 법칙이 응용되어 적용할 수 있는 실질적인 사례 중의 하나이다. 먼저 가입 혹은 참여했다는 이유로 더 큰 보상을 받는 것이 아니라 순서에 상관없이 나의 노력에 의한 애용자 네트워크가 커질수록 그에 따른 가치와 보상이 커진다. 또 구전의 특성상 네트워크 성장에 한계가 없다.

■ 판매 VS. 마케팅

다단계와 네트워크가 본질에 있어 어떻게 구분이 되는지를 살펴보았습니다. 이번엔 판매(sales)와 마케팅(marketing)의 차이를 알아보려고 합니다.

보통 규모가 큰 회사에서는 마케팅 부서와 세일즈 부서를 따로 둡니다. 하지만 대부분의 경우 구분 없이 '마케팅&세일즈'처럼 한 부서로 통합을 합니다. 둘 다 '판매 혹은 영업'을 의미한다고 인식하기 때문일 겁니다. 그런 현실에서 누군가가 네트워크마케팅에 대해 "난 그런 거 못 해!"라고 하면 아마도 세일즈(판매 혹은 영업)를 못 하겠다는 의미로 받아들여지지요.

세일즈를 못 한다고 말하는 것은 대인관계에 자신이 없다거나 무언가 아쉬운 소리를 해야 하는, 소위 을(乙)의 입장이 되는 것이 싫다거나 그로 인한 거절이 두렵다는 의미가 아닐까 합니다. 왜 아니겠습니까? 세일즈는 마지못해 하는 경우가 아니라면 원래 재능이 있든지 교육이나 훈련을 받아야만 할 수 있는 전문 영역으로 인식되기도 합니다. 그래서 직장인이나 주부 등의 일반 소비자가 결코 쉽게 여길 수 없습니다. 그러나 마케팅은 분명히 다릅니다. 그래서 큰 회사에서는 세일즈와는 별도로 부서를 운영합니다. 제가 몸 담았던 회사들도 그랬습니다.

사전을 찾아보면 세일즈와 마케팅은 정의에서도 확연한 차이가 있습니다. 세일즈는 '값을 받고 상품 따위를 파는 행위'로, 마케팅은 '소비자에게 상품이나 서비스에 관한 정보를 효율적으로 제공하는 활동'으로 다르게 정의됩니다.

사실 마케팅의 주된 개념은 광고 혹은 홍보, 즉 '알리는 행위'입니다. 아주 쉬운 예를 든다면, 인형을 파는 행위(세일즈)와 어디에 가면 인형을 살 수 있다고 전단지를 나누어주는 행위(마케팅)의 차이랄까요? **간단히 말하면 세일즈는 '파는' 행위가 주(主)이고,**

마케팅은 '알리는' 행위가 주인 것이지요. 물론 어느 하나만으로 경영되는 사업은 없습니다. 흥미로운 것은 인터넷에 기반을 둔 온라인 비즈니스가 확대될수록 '어떻게 알리는가?' 하는 마케팅이 더 중요해진다는 사실입니다. 따라서 **소비자 간에 소개와 구전을 하는, 즉 '알리는' 네트워크마케팅이 점점 중요한 대안이 되어가고 있습니다.**

저명한 경영학자 피터 드러커(Peter Drucker)가 설파한 마케팅의 정의는 이를 더욱 분명히 하고 있습니다.

판매와 마케팅은 정반대이다. 같은 의미가 아닌 것은 물론 서로 보완적인 부분조차 없다. 어떤 형태의 판매는 필요하다. 그러나 마케팅의 목표는 판매를 불필요하게 만드는 것이다. 즉 마케팅이 지향하는 것은 고객(소비자)을 이해하고 제품과 서비스를 고객(소비자)에게 맞추어 정보를 전달함으로써 저절로 팔리게 하는 것이다.

많은 분들이 다단계 '판매'와 혼돈하여 결국 무엇인가를 팔아야 한다고 인식하고 '나는 그런 거 못 해'라고 단정 짓지만, 네트워크마케팅은 같은 소비자로서 상대를 이해하고 나의 경험과 제품의 감동을 전달하여

스스로 구입하고자 하는 마음이 생기도록 노력하는 과정입니다. 그렇게 해서 소비의 경험이 생기고 충분히 만족하면 다시 찾는 애용자가 늘어나게 되는 것이지요.

정리하면, 저와 같은 평범한 소비자들이 할 수 있는 것은 세일즈가 아닌 마케팅입니다. 소개와 구전을 통해 '알리는' 노력이지요. 실제 소비가 일어나기까지 시간이 걸리지만 자신에게 유리한 것이 무엇인지 알면 소비가 일어날 가능성이 커집니다.

사람들은 소비를 통해 즐거움을 느끼지만 '파는 사람'이 되는 것은 대체로 싫어합니다. 그렇기 때문에 팔아서 더 빠른 시간 안에 돈을 벌 수 있다고 하여도 좀처럼 세일즈에 덤벼들지 않습니다. 더구나 직장생활을 하면서는 우선 시간의 제약으로 세일즈를 병행하기는 정말 어렵고, 잘하기는 더 어렵겠지요.

직장에서 주어진 일을 하던 경험이 전부인 저 역시 마찬가지였습니다. 그러나 스스로 경험하고 만족한 것을 '알리는' 일은 퇴근 후의 자투리 시간으로도 할 수 있었습니다. 또 직장과 가정생활에서 만나는 모든 사람이 구전의 대상이 되었습니다. 금전적 손실의 위험이 없으니 꾸준히 오랫동안 하면 될 수 있다고 믿었지요. 세일즈와 달리 마케팅은 '내가 할 수 있을 것'이라고 이해했습니다.

그런데 이런 차이점은 머리로는 이해가 되지만, 현실에서는 마케팅인지 세일즈인지 구분하기가 어려운 경우가 많습니다. 받아들이는 상대도 마찬가지입니다. 나는 마케팅을 하는데 상대는 세일즈로 받아들이는 경우가 비일비재합니다. 그래서 구분하는 것이 큰 의미가 없어 보이지만, 그로 인해 생기는 결과(보상)에는 분명한 차이가 있음을 알아야 합니다.

세일즈는 즉각적인 일회성 수입을 목표로 합니다. 세일즈 능력이 소비자(사는 사람)의 선택에 중요한 영향력을 미치지요. 어찌 보면 시간을 팔아 직장에서 일하고 매월 일회성 봉급을 받는 것과 유사합니다. 능력에 따라 시간을 파는 세일즈맨인 셈이지요.

반면 마케팅은 진심과 정성으로 상품에 대해 알리지만 언제 실제 소비로 이어질지 예측할 수 없습니다. 또 반복적으로 알리

세일즈(sales)	마케팅(marketing)
소비자를 설득해 상품을 파는 행위	상품에 대한 정보를 전달하거나 알리는 행위
소비(사는 행위) 혹은 일종의 계약이 따르고 보상 또한 즉각적이다.	실제 소비가 일어나는 시점과 시간 차(time gap)가 있다.
대부분 일회성 수입을 목적으로 한다.	반복적 소비를 유도하여 반복적 수입을 목표로 한다. 예를 들면 브랜드 인지도를 높이는 행위를 포함한다.

는 노력이 필요합니다. 그러나 일단 소비자가 결정하면 차후 반복 구매의 가능성이 커진다는 특성이 있습니다. 다시 말해 소비에 만족할 가능성이 더 높고, 결과적으로 애용자가 될 가능성이 더 커진다는 의미입니다. 그렇게 생겨난 지속적인 소비는 일회성이 아닌 꾸준하고 반복적인 수입의 근거가 됩니다. 기업들이 마케팅에 비용을 쏟아 붓는 이유이기도 합니다.

결론적으로 **네트워크마케팅 비즈니스는 (네트워크)세일즈와는 달리 자신의 만족스런 소비 경험과 지식을 다른 사람들과 나누고 알리는 일입니다. 지속적이고 진정성 있는 노력이 쌓이면서 신뢰성 높은 관계가 구축되고**, 이 과정에서 친구와 이웃이 스스로 선택할 때까지 기다리는 시간을 필요로 하며, **스스로 결정한 소비자는 자연스럽게 '반복적인 소비자(애용자)'가 되고 파트너 회사는 소비하고 알린 이에게 반복적인 보상을 줍니다.**

이것이 네트워크마케팅의 진정한 가치이고 비전이지요.

3장

올바른 선택,
변별력을 키워라

네트워크와 다단계, 마케팅과 판매(세일즈)의 차이를 확실히 아셨나요? 그렇다면 이제는 네트워크마케팅에서도 어떤 파트너 회사를 선택하면 좋은지에 대한 변별력을 키울 때입니다. 적어도 네트워크마케팅과 다단계판매 그리고 불법 피라미드에 대한 차이를 이해하고 있다고 전제하고 말입니다.

다시 한 번 네트워크마케팅의 정의를 떠올려볼까요?

'특정한 생필품 제조사를 파트너로 해서, 제품의 만족스런 소비 경험과 제품 감동을 적극적으로 소개하고 구전함으로써 나와 같은 애용자(혹은 단골 소비자)를 만들고, 애용자들의 반복되는 소비(회사 입장에서는 매출)에 대해 정해진 보상 규율에 따라 매월 꾸준한 수입을 확보하고 지속적으로 이를 키워가는 일.'

이제부터 위의 정의를 토대로 네트워크마케팅을 선택할 때 무엇을 고려해야 하는지를 살펴보겠습니다. 이는 결국 네트워크마케팅의 가치와 비전으로 연결되며, 파트너 회사(이하 회사)를 선택할 때 올바른 회사를 가려낼 수 있는 변별력의 기반이 되기 때문입니다.

파트너 회사의 선택이
나의 비즈니스를 결정한다

네트워크마케팅에서 회사를 선택하는 것은 결혼 상대자를 선택하는 것에 비유할 수 있습니다. 어떤 회사를 선택하느냐에 따라 제품 혹은 아이템, 보상 플랜, 지속성과 성공 여부 등 모든 것이 결정되기 때문입니다. 곧 회사와 나는 떼놓고 생각할 수 없는 관계입니다. 아내 혹은 남편이 '삶의 파트너'라면 회사는 '비즈니스 파트너'입니다.

하지만 네트워크마케팅이 누군가가 찾아오면서 시작되는 비즈니스이기에 '누가 무엇을 가지고 다가왔는가'에 의해 파트너 회사가 결정되는 것이 일반적입니다. 그래서 회사를 선택하는 과정은 '관심을 가질까 말까' 혹은 '해볼까 말까'의 과정이지, 두루 비교 검토한 후에 결정하는 경우는 드물지요. 마치 해외에 이민 간 분들이 공항에 마중 나온 사람의 직업을 따라간다는, 조금은 우스갯소리와 같은 경우와 비슷하기도 합니다. 회사를 보고 결정하기보다는 사람을 보고 결정하게 된다는 말입니다.

그런데 회사를 결정하는 과정은 내 미래를 좌우할 비즈니스의 선택 과정이기도 합니다. 결혼 상대를 고르는 것과 같다고 했지요? 후회하지 않도록 제대로 된 기준을 가지고 세심하게 알아볼 필요가 있습니다. 이미 다른 종류의 네트워크마케팅을 접해본 경우라면 더욱 그렇습니다. 두 번 후회할 수는 없으니까요.

마치 취업을 위해 회사를 선택하는 과정으로 비유해도 좋을 듯합니다. 아무리 현실에서는 회사가 나를 선택하는 경우가 대부분이더라도 말이지요. '장기적인 비전보다는 당장 월급을 많이 주겠다는 회사를 선택할 것인가, 장기적인 비전을 가지고 나를 성장시키고 내 노력의 가치와 장점을 인정해주는 회사를 선택할 것인가'도 기준이 될 수 있고, 시장에서의 평판과 이미지가 좋은 회사를 선택하는 것도 기준이 될 수 있습니다.

네트워크마케팅 비즈니스에서는 회사의 선택이 다음과 같은 의미를 갖습니다.

- 내가 소비하고 소개하고 구전할 아이템(제품 또는 서비스)을 선택하는 것
- 비즈니스의 방법(시스템)을 선택하는 것
- 나의 꿈에 다가갈 수단을 선택하는 것

적어도 가족을 위한 스페어타이어가 될 수 있는지, 미래를 준비할 비전이 있는지를 결정하는 중요한 선택인 만큼 충분히 신중해야 함은 말할 필요가 없습니다.

'매일 반복 사용하는
생필품'의 의미

회사를 선택하는 첫 번째 기준은 회사의 아이템이 우리가 매일 반복 사용하는 생필품인가 하는 점입니다. 꾸준한 인세적(印稅的) 수입*이 네트워크마케팅 비즈니스의 목표이고 비전이기 때문입니다.

그렇습니다. 네트워크마케팅을 하는 궁극적인 목적은 일회성의 큰돈이 아닌 애용자들의 반복 소비를 통해 캐시백 형태로 매월 꾸준히 따박따박 들어오는 수입에 있습니다. 이런 형태의 수입은 직장에서 받는 월급이나 각종 거래에서 얻는 일시적 수입과 달리 건물의 임대료나 책·음반의 저작권료와 같은 인세적 수입 또는 권리 수입입니다. 그리고 수입의 규모가 점점 커져 경제적으로 시간적으로 자유로워지려는 게 비즈니스에 참여하는 모든 사람들의 진정한 꿈이고 목표입니다. 당신도 그렇게 살고 싶지 않나요? 살아 있는 동안 꾸준히 반복되는 소비, 매일의 생활에 필요한 생필품을 소비함으로써 추가수입을 만들고 경제적으로 여유로워질 수 있다면요. 그것이 제가 젊음을 바쳐 일한 직

인세는 수동적 수입(Passive Income) 혹은 권리 수입이라고도 불린다. 책 말미 혹은 CD(전에는 주로 아날로그 음반) 표면에는 저작자의 도장이 찍힌 우표만한 작은 종이가 붙어 있는데, 팔리는 책이나 CD에 붙어 있는 도장의 수량만큼 저작자에게 저작료를 지불한다는 일종의 약속이다. 책을 보거나 음악을 듣는 것, 세를 얻어 사는 것(임대료), 특허의 사용(특허권 수입) 등도 일종의 소비로 볼 수 있어 누군가가 그 권리를 소비할 때마다 꾸준히 수입이 발생하므로 인세적 수입이라고 부른다.

요즘은 모든 게 디지털화되어서 20~30대의 젊은이들 중에는 인세라는 단어를 모르는 이가 많은데, 인세적 수입은 노동에 대한 보상으로 월급을 받거나 뭔가를 만들거나 팔아서 이윤을 만드는 적극적(일회성) 수입과는 달리 그 권리를 취득하기까지 많은 시간과 노력이 들지만, 이후 권리를 반복적으로 이용하는 경우가 생기면 그에 따라 지속적으로 수입이 발생한다.

장에서 나가라고 하기 전에 스스로 사표를 쓰고 아침잠을 즐긴 이유였습니다.

저의 경우는 아이들의 아토피피부염을 개선시킨 바디로션과 목욕용 샴푸를 체험한 것이 지금의 회사를 선택한 결정적인 이유였습니다. 바디로션과 목욕용 샴푸는 아토피피부염이 없어도 거의 모든 가정에서 사용하는 생필품이죠. 그다음으로 저를 감동시킨 생필품은 입안을 개운하게 세정해주는 치약과 칫솔, 그리고 아침 잠자리에서 전보다 거뜬히 일어날 수 있게 해준 비타민과 미네랄 복합체 건강식품입니다. 그전까지는 '영양제 따위 안 먹어도 하루 세끼만 잘 먹으면 건강에 충분해'가 저의 신조였지요.

《다음의 천만장자는 어디서 나올까(The next trillion)》를 집필한 폴 필저(Paul Jane Pilzer)를 비롯해 많은 미래학자와 분석가들에 의하면 생필품 중에서도 '헬스 & 뷰티(Health & Beauty)' 분야는 시간이 갈수록 더 중요해지고 성장하는 분야입니다. 그래서 많은 네트워크마케팅 회사들이 저렴한 세제류, 주방용품, 개인 생활용품 등 건강과 환경에 좋은 생필품은 물론 화장품과 건강식품을 주요 아이템으로 삼고 있습니다. 이것이 주로 단가가 큰 아이템을 취급하는 피라미드, 혹은 생필품이라지만 번들로 묶어 높은 단가를 붙이고는 '할인'이라 포장하는 다단계와 다른 점입니다.

그러나 누구에게나 필요하면서도 매일 쓰는 생필품이라고 부르기에는 한계가 있는 아이템들, 예를 들어 보험, 여행, 의약품, 금융상품 등으로 유혹하는 회사는 주의해야 합니다. 이런 아이템들 역시 삶에 꼭 필요하다고 주장할 수는 있겠지만 모두에게 매일 필요한 생필품은 아닙니다. 그렇다 보니 소비를 돕는다지만 사실은 '돈을 버는 것'에 초점이 맞춰져 있습니다. 이런 회사들의 공통점은 대부분의 아이템을 직접 제조하지도 소유하지도 않은 유통회사입니다. 본질상 소개와 구전보다는 판매(sales)가 주목적인 다단계판매(합법적이라 하더라도) 회사 혹은 불법 피라미드일 가능성이 큽니다. 당연히 사업 초기부터 가입과 판매를 위한 크고 작은 의무 구입과 할인 구매 등이 흔하고 금전 투자를 요구하는 경우가 많습니다.

파트너 회사는 아이템을 직접 생산하는 제조사여야 한다

  네트워크마케팅을 누군가가 만든 제품을 취급하거나 판매하는 유통 방식으로 이해하는 분들이 많습니다. 그래서 다단계판매라고 오해를 하는 것이지요. 실제로 어떤 유통회사들은 회원으로 가입만 하면 회사와 동일시되는 것처럼 이야기하고, 따라서 회사에서 구입하는 것이 소비자와 제조사가 직접 거래하는 것과 같다고 위장합니다. 또 제품의 품질을 관리하고 책임지는 제조사와 특별한 관계이므로 문제 될 게 없다는 식으로 말합니다. '쉽고 빠른 보상이 있다'고도 유혹하지만, 이는 기업의 생리를 잘 모르는 참여자들을 속이려는 술수입니다. 즉 소비자들은 결국 생산자와 직거래하는 것이 아닌, 중간에 한 단계 더 있는 유통회사의 회원으로서 회사의 중간 이익을 보장하면서 소비하는 것이므로 순수한 소비자 입장에서 보아 가성비가 더 유리하다고 하는 주장에 의문을 가져야 합니다. 또 회원들은 유통(판매) 회사의 파트너로서 결국 회사를 위해 유통과 판매를 하는 것이 주된 활동이 됩니다. 아무리 근사하게 설명하더라도 말입니다.

진정한 네트워크마케팅은 생필품의 유통과 판매가 아닌, 소비자가 생산자에게서 직접 구매하는 직거래 소비 형태가 기본임을 잊지 말아야 합니다. 역사적으로 네트워크마케팅은 직접판매(Direct Selling)라고 불려왔습니다. 생산자가 직접 판매(selling)하고 소비자가 구매하기(buying) 때문에 유통 과정 없이 생산에서 소비로 이어지는 구조상 소비자에게 더 유리한 선택이 되지요. 사실 그렇게 해야 경쟁력이 오래 지속됩니다.

실제로 생필품 아이템(제품과 서비스)의 경쟁력과 만족도를 유지하거나 높이는 것은 전적으로 제조사가 열쇠를 쥐고 있습니다.

소개하고 구전하는 핵심은 제품(아이템)에 있고 품질, 가격, 사후관리 (A/S), 편리함 등의 만족도가 그 판단의 기준이기 때문에 결국 아이템을 소유하고 있는 제조사가 주체입니다. 또한 생산자−소비자 간 직거래 모델의 회사는 그렇지 않은 경우보다 더 많은 돈을 연구개발 (R&D)에 투자할 수 있으므로 시간이 지날수록 품질과 가성비 (price value) 면에서 우위를 지켜나갈 수 있습니다.

소비 만족과 제품 감동이 비즈니스 전개의 핵심

구전의 핵심은 소비 만족과 제품 감동입니다. 당연합니다. 소비 만족과 제품 감동은 구전 비즈니스의 절대적 요건이지요. 우리 모두 소비자이니 누구나 쉽게 공감하겠지만 '소비자 만족'이 충족될 때 구전은 자연스럽게 일어납니다. '만족스럽다'는 평가가 진실(fact)이어야 한다는 말이지요. 구전은 정직해야 하니까요.

그리고 그 만족과 감동은 일회성이 아닌 지속적이어야 합니다. 그렇지 않으면 소비자들은 더 만족스럽고 자신에게 유리한 소비로 옮겨갈

것입니다. 따라서 파트너 회사가 제품의 경쟁력을 지속적으로 유지하는 것이 비즈니스의 핵심이 됩니다. 이것이 다단계판매와 다른 점이지요.

그런데 의문이 듭니다. 사람마다 소비 선호도가 다르고 그에 따라 상품과 서비스가 점점 다양해지고 있는 현실에서 소비자를 만족시키려면 어떤 요건을 갖춰야 할까요? 가격을 중시하는 사람, 취향이나 유행을 중시하는 사람, 품질이나 브랜드 명성에 가치를 두는 사람, 친절한 응대와 배달 서비스가 중요한 사람 등 무척이나 다양한데 공통적으로 모든 소비자들의 만족도에 영향을 끼치는 중요한 요소는 무엇일까요? 바로 품질, 가격, 편리성, 사후관리로 간추릴 수 있습니다.

소비자 만족의 주요 요소

● 품질　　　　● 가격　　　　● 편리성　　　　● 사후관리

소비자는 충분히 만족스러운 경험을 하면 누가 시키지 않아도 알아서 소개하고 구전합니다. 그중에서 특정 제품에 특별한 감동을 받았다면 구전은 더욱 쉽게 일어납니다.

"너, 요 근처 중국집 '진짜루' 알지? 거기 가봤니? 주인이 바뀌고 나서 많이 친절해지고 무지 좋아졌어. 특히 자장면은 최고야. 감칠맛이 감동적이지. 너 자장면 좋아하잖아! 한번 가봐."

"나도 벌써 가봤지. 진짜 맛있더라."

자신의 경험에 다른 사람이 공감하면 공명(共鳴)을 일으켜 구전은 더욱 활발하게 일어납니다. 이것이 네트워크마케팅이 작동하는 근본 원리입니다.

물론 사람들은 만족스러울 때만 구전하지 않습니다. 불만족스러울 때도 구전을 합니다. 비난과 불평의 방식으로요. 이때는 구전으로 인해 이익을 보는 사람이 없기 때문에 나누어줄 것이 없습니다. 그래서 추가수입이 생기는 구전 비즈니스의 기회는 생기지 않습니다. 제품에 만족해도 소개와 구전을 하지 않고, 생산자(가게 주인)가 이익을 나누어주겠다는 생각이 없다면 마찬가지로 비즈니스의 기회는 생기지 않습니다.

'소비자 만족'은 기업은 물론 요즘은 관공서의 대민 서비스에서도 추구하는 명제입니다. 이는 모든 재화의 생산과 기업의 존재 이유, 그리고 국가 경영의 기반이 되는 재정이 소비에서 출발하고 소비자들의 주머니에서 나온다는 사실에 기인합니다. 즉

'기업의 존재 이유와 가치는 소비자가 결정한다(Customer is final arbiter)'는 경영학 원론적인 표현은 비즈니스에서 기본 중의 기본입니다. 올바른 네트워크마케팅이 그 기본 위에서 작동함은 말할 나위가 없습니다. 소비자들은 그저 약간의 돈을 벌 수 있다(예를 들면 캐시백이 있다)는 이유로 쉽게 유혹당하지 않습니다. 그보다는 소비 만족이라는 좀 더 복잡한 변수들을 저울질하는 의사결정 과정을 거치지요. 굳이 여러 제품이 아니더라도 개별 제품의 감동이 클 때 결정은 더 쉬워집니다.

품질, 가격, 편리함 모두 만족도의 중요한 요소이지만, 앞선 네트워크마케팅 회사들이 오래전부터 시행해온 온라인 소비에서는 사후관리(A/S)가 중요한 요소로 꼽힙니다. 온라인(인터넷) 쇼핑은 실물을 직접 보면서 고르는 게 아니기 때문에 소비자의 기대치와 실제 제품이 다를 가능성이 있기 때문이지요. **사후관리의 가장 완벽한 형태는 100% 만족 보증(satisfaction guaranty)입니다.** 제품에 하자가 있어 수선, 반품, 교환해주는 하자 보증(warranty)은 어느 회사나 기본 서비스로 생각하지만 '써봤는데 마음에 안 드네요' 혹은 '먹어보니 맛이 별로예요'와 같은 **주관적인 불만족 평가에 대해서도 일정 기간 내에 조건 없이 환불해주는 것이 바로 100% 만족 보증입니다.**

위의 네 가지 만족 요소 중에서 구전에 영향을 미치는 가장 중요한 요소는 무엇일까요?

사람마다 혹은 상황에 따라 우선시하는 관점이 다르겠지만, 역시 제일 중요한 것은 '품질'입니다. 가격, 편리성 등 중요시하는 요소가 그때그때 달라질 수 있지만 결국은 '품질이 좋다'가 '싸다'나 '편리하다'보다 우선한다는 이야기입니다.

예를 들어볼까요? 우리가 상점에 가서 마음에 드는 제품을 보면 가격표를 보거나 "사장님, 이거 얼마예요?"라고 가격을 묻습니다. 마음에 드는 제품(=품질)을 먼저 선택한 후에 묻는 것이지요. 아마도 가격을 제일 중요하게 여긴다면 상점에 들어가자마자 "제일 싼 것으로 주세요"라고 요구할 것입니다. 그동안의 기업의 역사를 보면 품질이 우수한 기업은 오래가는 반면, 품질을 무시하고 싼 제품만을 생산한 기업이 살아남은 예를 찾기는 어렵습니다. 물론 어느 기업이든 자기 제품에 대해 '품질도 좋다'고 주장합니다. 하지만 품질과 만족도는 생산자의 주장과 상관없이 결국 소비자에 의해 시장에서 그 경쟁력이 평가될 것입니다.

소비심리학의 관점에서 보면 사람들은 무엇이든 만족스런 선택을 한 경우에 다른 사람들도 자신과 같은 선택을 해주기를 바랍니다. 반대로, 다른 사람들이 선택한 것을 자신도 선택하는 경향이 있습니다. 그래서 자신의 선택이 옳았다는, 좋은 선택을 했다는 것을 증명하고 싶어 하지요. 자랑하고 싶어 합니다. 그래서 만족도가 클 때 소개와 구전이 더욱 자연스럽게 일어나지요.

네트워크마케팅 회사는 품질, 가격, 편리성, 사후관리라는 소비자 만족 기준에 더하여 소개와 구전에 따른 캐시백, 즉 추가수입의 기회를 약속함으로써 최고의 경쟁력을 갖게 됩니다. 그동안 잘못된 이해 혹은 참여한 사람들의 잘못된 행태 때문에 부정적인 인식이 있었음에도 점점 네트워크마케팅에 관심을 갖는 소비자가 늘어나는 이유입니다. 자신에게 유리하고 만족스런 소비, 감동이 있는 제품을 직접 경험했다면 같은 제품을 다시 찾는 것을 망설일 소비자는 없으니까요.

'애용자 자산'으로부터 인세적 수입이 만들어진다

'이해할 수 없으면 소유할 수 없다'고 세계적인 문호 괴테가 말했다지요. 어떤 비즈니스든 성공하려면 그 본질을 잘 알아야 합니다.

모든 비즈니스의 본질 혹은 최종 목표는 애용자(단골손님)를 만드는 것입니다. 동네 빵집 주인은 신선하고 맛있는 빵과 미소가 득한 표정으로 단골을 만들고, 대기업은 기술 개발과 사후관리에 자본을 투자합니다. **목표는 하나입니다. 단골손님 확보! 어떤 사업이든 궁극의 자산은 '애용자'라는 무형의 자산이기 때문입니다. 애용자를 많이 만들면 사업은 성장합니다.** 얼마나 많은 자본이 투자되고 얼마나 큰 규모인지, 방법이 무엇인지가 중요한 핵심이 아닙니다.

애용자가 결국 자산이라는 사실은 주변에서도 그 예를 흔하게 볼 수 있습니다. 하나의 사례가 바로 가게의 권리금입니다. 권리금이란 법적으로 보호되거나 인정되지는 않지만 가게를 사고파는 사람들끼리 인정하는 일종의 자릿세(稅)로, 현재의 단골손님들이 주인이 바뀌어도 지속적으로 이용할 것이라는 전제하에 숫자로 구체화되기 어려운 예상 매출을 하나의 자산으로 간주하고 그 가치를 매기는 것이지요. 따라서 같은 자리에서 업종이 바뀌지 않는다면 나름 정당한 가치이며 거래입니다.

마찬가지로 **올바른 네트워크마케팅 파트너 회사는 소비자 회원 한 사람 한 사람을 각각의 비즈니스 주체(가게 주인)로 인정하고, 각 회원의**

소개와 구전의 노력으로 만들어진 소비자나 애용자들을 회원의 자산으로 인정해줍니다.

이 놀랍고도 특별한 사실에 쉽게 이해하기 어려운 지속적 수입의 비밀이 숨어 있습니다. 즉 '**애용자들의 반복적인 소비는 나의 자산에서 나오는 매출로 간주해 파트너 회사가 정해진 약속에 따라 나에게 지속적으로 보상한다**'는 뜻입니다. 그리고 그 보상은 나에게 따박따박 들어오는 인세적 수입이 되고, 나의 노력이 쌓임에 따라 커져서 점점 나를 경제적으로 자유롭게 만들 것입니다. 애용자 자산은 내 것이니 대를 이은 상속도 가능해집니다. 이는 우리나라 법으로도 인정받고 있습니다.

네트워크마케팅이라 주장하면서 두 줄 혹은 세 줄로 전개되는 '피라미드'를 선택한 경우에는 이 점을 냉정하게 살펴봐야 합니다. 예를 들어 두 줄 피라미드의 경우에는 내가 3명에게 소개하여 회원에 가입시키려고 할 때 두 줄이라는 전개상의 제약으로 2명만 직접 자신에게 연결하고 나머지 한 명은 이미 연결된 두 명 중 한 명에게 연결을 해야 합니다. 구전은 내가 했는데 친구에게 연결하는 것이지요. 이를 '친구를 돕는 일'이라고 곧잘 포장하지만 시간이 지날수록 내 네트워크 안에 내 노력과 상관없는 사람들이 마구 연결되고, 어떻게 네트워크가 전개될지 예측할 수 없습니다.

당연히 내 비즈니스인데 내가 통제할 수가 없습니다. 한편 넓게 전개할 수 없다는 제약이 오히려 피라미드 하부로 빨리 쉽게 네트워크가 전개되는 것 같은 착각과 유혹을 일으킵니다. 그래서 빨리 가입할수록 유리하다고 하는 것이지요.

그렇게 해서 소위 네트워크(회원)가 빠르게 성장하는 듯한 착시현상을 만들지만 결국 내 노력의 크기를 산정할 수 없으므로 보상 체계가 복잡해지고 결국 회사가 가장 큰 혜택을 가져가게 됩니다. **회원은 그 크기를 알기도 어려울 뿐만 아니라 내가 어떻게 노력하면 되는지를 명확히 이해하기 어렵고, 스스로 통제하거나 자신의 보상을 예측하기 어렵습니다. 그저 '저절로 성장한다'는 우습지만 위험한 유혹에 빠지게 되지요.**

또 내 애용자 네트워크 내에 나의 노력과 상관없는 사람들이 연결되므로 자신의 자산을 특정 지을 수 없습니다. 당연히 애용자 자산으로부터 오는 지속적인 수입도 유지되기 어렵지요. 여기에 또 다른 함정이 있습니다. 상당한 금액으로 물품을 구입하는 등 회사에 기여하지 못하면 보상이 클 수도 없고 지속되기는 더욱 어렵습니다. 자산 가치로서의 상속 등을 기대한다면 그건 회사의 주장일 뿐 그 체계 자체가 오래 갈 가능성은 매우 낮습니다. 네트워크마케팅을 가장한 피라미드일 뿐입니다.

이와는 달리 올바른 네트워크마케팅은 만족스러운 소비 경험이 소개되고 구전되는 자연스러운 형태로 전개되므로, 감동이 있는 제품에 대해서는 누구나 보다 적극적으로 소개하고 구전을 할 수 있습니다. 이는 곧 광고 효과가 되어 누군가는 이익을 보게 되고, 그 결과 나누어줄 것이 만들어집니다. 부연하면, **네트워크마케팅은 누군가가 '이익을 나누겠다'는 생각에서 태동한 것입니다. 차가운 경쟁사회에서 '더불어 산다'는 나눔의 가치가 그 근본에 자리 잡고 있습니다.**

사실 저는 이기적이고 경쟁적인 현실에서 이 점을 이해하는 것이 어려웠습니다. 돈을 투자한 것도 아닌데 그저 늘 하던 대로 소개하고 구전을 하면 자산을 만들고 돈을 벌 수 있다니 믿기지 않았었지요.

제품 경쟁력, 소비자 만족도 1등일 때만 구전이 지속된다

소비자들은 자기가 경험한 1등만을 구선합니다. "정말 만족스러워. 내가 경험한 것 중에서 최고야"라고 전하지요. "내가 아는 것 중에서 2등인데 너도 경험해 봐" 하는 경우는 없다는 말입니다. 그런데 누구도 시장의 모든 상품을 경험할 수 없으며 품질, 가격 등에 대한 평가는 사람마다 다릅니다. 그래서 내가 만족한 1등이 다른 사람에게는 1등이 아닐 수 있습니다. 그래서 더 이상 최고라고 느끼지 못하면 소개와 구전은 멈추고 또 다른 최고를 찾아서 움직입니다.

소비와 구전이 전부인 비즈니스에서 구전이 멈추면 비즈니스의 생명은 끝납니다. 애용자가 늘어나지 않고 성장은 멈추기 때문이지요. 네트워크마케팅이 아니더라도 수많은 회사들의 역사가 이를 증명합니다. 그래서 **제품 경쟁력과 소비자 만족도에서 1등인가 아닌가는 구전 비즈니스의 지속성 면에서 정말 중요합니다.**

물론 만족도 2등과 3등도 시장에는 존재합니다. 1등이 2등과 별반 차이가 나지 않을 수도 있습니다. 그 상황에서 제품이 살아남기 위해 필요한 것이 바로 세일즈 혹은 마케팅에 대한 투자입니다. 가격 할인, 원 플러스 원(1 + 1)과 같은 일회성 인센티브와 광고, 또는 보상 플랜 등의 마케팅 프로그램으로 소비자를 유혹해야 합니다. 하지만 이러한 마케팅 프로그램도 지속성을 지니거나 사실에 근거한 윤리적인 소비자 구전이 일어나는 데는 한계가 있을 수밖에 없습니다.

따라서 네트워크마케팅은 차별화된 1등 제품을 기반으로 구전을 통해 애용자라는 자산을 만들고 쌓아가는 비즈니스입니다. 그리고 그 애용자를 만드는 구전 노력에 대해 지속적인 보상을 받게 되지요. 결국 회사를 선택할 때 '반복되는 소비로 수입이 지속된다'는 점이 기준이 되어야 합니다.

보상 플랜은
합리적이고 윤리적이어야 한다

네트워크마케팅에 사람들을 참여시키는 데는 제품의 만족도 '못지않게' 중요한 것이 보상 플랜(compensation /incentive plan)입니다. '못지않다'라는 표현을 쓴 이유는 보상 플랜이 첫 번째 조건이 아니어야 한다는 뜻입니다.

앞서 살펴본 것처럼 제일 중요한 것은 제품 경쟁력과 소비자의 만족도입니다. "네트워크마케팅을 비즈니스로 보는 가장 주된 이유가 추가수입(보상 플랜)에 있는데 무슨 소리냐"고 할 수 있지만, 이는 많은 분들이 간과하거나 잘못 생각하는 매우 중요한 점입니다. '소비자 만족'이 받쳐주지 않는 지속적인 추가수입은 허상이며, 세일즈에 불과하기 때문이지요. **네트워크마케팅은 소비자 만족과 제품 감동에 의한 구전 비즈니스이므로 이를 전제하지 않는 보상 플랜은 그저 이론과 주장에 그칠 뿐입니다.**

네트워크마케팅에서의 보상은 지속적인 소비자 보상(consumer reward) 입니다. 일반적인 판매 수당(sales commission /sales incentive) 등으로 표현되는 일회성 다단계 세일즈 플랜과는 다릅니다. 그래서 소비자들에게 익숙한 캐시백 플랜(cashback plan)으로 불리기도 합니다.

합리적이고 윤리적인 보상 플랜은 다음과 같은 조건을 만족시켜야 합니다.

- 소비자가 보상받는 주체이므로 간단하고 이해하기 쉬워야 한다.
- 참여자들이 수평적으로 대등하다는 것이 네트워크의 기본 개념이므로 가입 순서에 따른 유불리(有不利)가 없어야 한다.
- 내 노력(파트너 회사의 입장에서 매출 기여도)의 크기만큼 보상받을 수 있을 때만 진정한 윤리성을 갖기 때문에 회사가 나의

노력을 계량화하여 적용할 때 내가 쉽게 이해하고 동의할 수 있어야 한다. 여기서 노력이란 '내 소비와 내 구전에 의한 소비의 합'이다. 하지만 어느 경우든 과도하거나 불필요한 소비를 노력의 일부처럼 권한다면 의심해야 한다.

- 우리나라 다단계판매에 관한 법률에서 모든 합법적인 회사들은 매출액의 35%를 소비자 보상의 최대치로 정하고 있다. 따라서 거의 대부분의 회사가 법을 지킨다고 보았을 때 매출액의 35%를 초과하는 보상 플랜은 있을 수 없다. 실제로는 플랜의 구조가 다를 뿐이다. 이런 회사들의 특징은 보상 요건 등을 복잡하게 만들고 여러 조건을 달아 이해하기 어렵게 만든다. 결국 예측이 어렵고 참여자는 회사가 주는 대로 받을 수밖에 없게 된다. 합법적이라고 하면서 '더 좋은 보상 플랜'을 이야기한다면 소비자를 기만하거나, 스스로 불법을 저지르고 있음을 자랑하는 셈이다.

- 노력의 합이 소실되지 않고 쌓여감에 따라 일회성이 아닌 점진적으로 성장하는 축적성을 가져야 한다. 여기에서 축적성의 핵심은 결과적으로 애용자의 누적을 의미한다. 혹 지속적 보상을 앞세워 일정 금액 이상의 의무적이고 반복적인 구매를 조건으로 하는 경우는 피해야 한다.

결론적으로 네트워크마케팅은 자신에게 유리한 소비를 하려는 소비자 중심의 사고와, 경험하고 아는 것을 나누고 싶어 하는 인간의 본성 위에서 만들어진 기회입니다. 더불어 가계의 소비가 경제의 시작점이라는 점에서 현명한 소비에 관한 정보를 같은 소비자로부터 들었을 때(구전) 신뢰가 가장 크다는 상식을 떠올린다면 누구나 도전해볼 수 있는 멋진 비즈니스 기회가 아닐까 합니다.

올바른 네트워크마케팅의 특징과 체크포인트

이제까지 살펴본 내용을 토대로 올바른 네트워크마케팅 비즈니스의 특징을 요약하면 다음과 같습니다.

- 소비와 구전이 핵심이므로 소비자라면 누구에게나 기회가 열려 있다.
- 파트너 회사는 아이템(제품)을 전적으로 책임지는 제조사이다.
- 아이템은 매일 생활에서 쓰이는 생필품이다.

- 인터넷 쇼핑의 편리함이 있다.

- 제품의 감동을 구전하는 것이므로 검증된 시장에서의 제품 경쟁력과 소비자 만족도가 1등이어야 한다.

- 가입비나 초기 투자금이 전혀 없다. 또 어떤 경우에도 투자 요구가 없어야 한다.

- 소비자와 사업가의 구분이나 경계가 없고 어떤 조건이나 의무가 없다.

- 소비자가 받는 수입은 '캐시백'의 형태이며 지속적이다.

- 보상 플랜은 한번 들으면 누구나 쉽게 이해할 수 있다.

- 가입 순서 등에 의한 유불리가 없고, 누구나 자신의 노력(기여도)에 따른 합리적이고 동등한 권리와 보상을 받는다.

- 내가 만든 애용자는 '나의 자산'으로 간주되니 소비에 따른 수입이 지속적이고, 당연히 상속의 권리가 있다.

- 소비자가 소비자를 소개하는 것이므로 파트너 회사는 정해진 기간 내에 사용한 제품에 대해서도 소비자가 원할 경우 100% 환불 혹은 만족 보증을 제공해야 한다. 100% 만족 보증을 주장하더라도 대폭 할인된 금액으로 구입하게 해서 실제 환불을 어렵게 만드는 경우는 없는지 면밀히 살펴야 한다.

- 판매가 아니니 점포나 사무실이 필요하지 않다.
- 자신의 일을 하면서 자투리 시간에 할 수 있다.

네트워크마케팅의
궁극적 비전

마지막으로 올바른 네트워크마케팅을 선택하는 데 있어 가장 중요한 점이 있습니다. 바로 비즈니스로서 어떤 비전을 갖는가 하는 것이지요.

궁극적으로 애용자라는 자산을 키워가는 '내 사업'으로써 아래 그림과 같은 성장 비전(vision)을 갖는 것입니다. **즉 꾸준한 구전 노력의 결과로 애용자들이 늘어나면서 지속적으로 성장하는 인세적 수입을 갖는 것이 네트워크마케팅을 시작하는 이들이 갖는 진정한 비전입니다.**

따라서 제품에 대한 감동을 전달하는 노력이 점점 쌓여가는 축적성의 원리와 그 속에서 비전의 실현 가능성을 제대로 이해하고 시작한 사람들은 결코 비즈니스를 중도에 멈추지 않습니다. 멈추지 않으니 반드시 성공할 것입니다. 그래서 "지금 얼마 버는데?" 하는 질문은 비전에 대한 이해가 덜 된 잘못된 질문입니다. 눈에 띄게 성장하지 않아도 오랫동안 멈춤 없이 비즈니스를 하는 분들은 바로 이와 같은 비전을 가졌기 때문입니다. 그래서 보다 나은 삶을 꿈꾸고, 네트워크마케팅에 자신의 큰 꿈을 실을 수 있는 것입니다.

위와 같은 비전은 두 줄 혹은 세 줄의 피라미드 구조, 즉 네트워크 전개의 폭을 제한하는 비즈니스 모델에서는 있을 수 없습니다. 앞에서 지적했듯이 그저 순서에 따라 누구 때문인지도 모르면서 확장되는 피라미드 구조에서는 자신의 노력(기여도)의 영역을 명확히 구분 지을 수 없기 때문이지요. 그럼에도 위와 같은 비전을 가지고 있다고 주장하는 다단계 혹은 피라미드 구조의 네트워크마케팅이 있다면 그 지속성에 대해 의심해보아야 합니다. 그런 경우에는 각자의 노력의 크기 혹은 기여도를 알기 어렵기 때문에 보상의 조건으로 매달 할당 구매 혹은 제품의 누적구매 등을 요구할 것이기 때문입니다.

네트워크마케팅의 비전은 나 혼자 시작해서 제품에 대한 감동을 공유하는 노력이 축적되어 애용자라는 자산을 점차 키워가는 것입니다. 그 본질의 이해, 노력의 집중도, 그리고 올바른

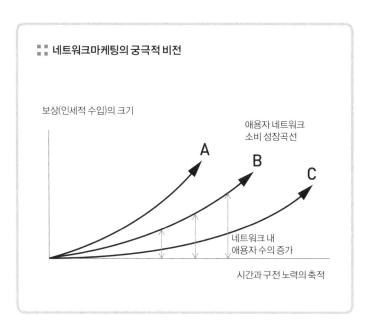

네트워크마케팅의 궁극적 비전

보상(인세적 수입)의 크기

애용자 네트워크
소비 성장곡선

A

B

C

네트워크 내
애용자 수의 증가

시간과 구전 노력의 축적

시스템의 선택이 곡선의 기울기(A 혹은 C)를 다르게 만들어갈 수 있을 것입니다. 중요한 점은 본질에 맞게 꾸준히 올바른 노력을 기울이고 멈추지 않는 한 결코 성장이 후퇴할 이유가 없다는 것이지요. 그러므로 일단 올바른 선택을 했다면 결코 포기하지 마십시오.

NETWORK
MARKETING

4장

그건 진짜
네트워크마케팅이
아니다

조금만 시간을 내서 인터넷, 신문 등 미디어를 찾아보면 다단계판매 혹은 네트워크마케팅이 크게 성장하고 있음을 확인할 수 있습니다. 관심을 갖는 사람들이 많아지고 있다는 뜻이겠지요.

동시에 불법 다단계판매 혹은 피라미드 상술 때문에 피해를 입었다는 소식들 역시 미디어를 장식하면서 경계심도 높아지고 있습니다. 갈수록 경제 상황이 어려워지면서 청년실업의 증가와 함께 100세 시대에 일 없는 중년층과 노년층이 늘어나는 현실에서 마땅한 대안이 없으니 '돈이 없어도 누구나 할 수 있다'는 다단계판매 혹은 네트워크마케팅이 점점 더 매력적으로 다가오기도 합니다. 하지만 돈을 벌 수 있다는 유혹에 치중한 나머지 세상을 떠들썩하게 할 만큼 불법 다단계 혹은 피라미드로 일컫는 피해 사례들도 증가하고 있는 것이지요.

다단계판매 혹은 네트워크마케팅의 영역은 자석요, 운동기구와 정수기 렌탈, 여성 보정속옷류, 고가 전집류 등 고액 제품부터 외환 거래·유사수신·가상화폐 등 전문가가 아니라면 이해가 쉽지 않은 금융상품과 그 외 부동산, 여행, 자동차 대여 등 날로 다양해지고 있습니다. 사는 게 더 팍팍해지니 '쉬운 방법으로 빨리 큰돈'을 벌 수 있다는 유혹도 강해지고 있습니다. 그렇다 보니 꾸준히 자산을 쌓아가는 네트워크마케팅 대신 더 쉽고 빠른 수입을 찾아 다단계, 불법 피라미드를 찾아 여기저기 기웃거리는 이들이 참으로 안타깝습니다.

아마도 이런 현상은 경제가 불안할수록 점점 더 심해질 것입니다. 문제는 대부분의 소비자들이 이런 유혹에 대해 변별력을 갖기가 쉽지 않다는 것입니다. 놀라운 점은 이미 네트워크마케팅을 십수 년간 성공적으로 해온 사람들에게도 이런 유혹이 무차별적으로 다가온다는 것입니다.

그들의 유혹 앞에선 누구도
예외일 수 없다

◉

작년 이맘때 같은 회사에 몸담았던 후배 동료로부터 전화가 왔습니다. 한번 만나자고요. 그 후배는 제가 네트워크마케팅을 하는 것을 잘 알고 있었습니다. 수년 전 제가 하는 네트워크마케팅에 대해 소개를 했는데 당시에는 듣는 둥 마는 둥 하더니 이야기가 다 끝나기도 전에 피라미드는 자기가 할 일이 아니라고 손을 내젓던 후배였습니다. 그런 사람이 오랜만에 먼저 연락을 해왔으니 '그동안 생각이 바뀐 걸까?' 하는 기대와 호기심을 갖고 만나게 되었습니다.

"선배님, 아직도 네트워크마케팅 하시지요?"

"물론이죠. 소비와 구전은 죽을 때까지 평생 하는 일이니까요."

"네, 저도 그렇게 생각합니다."

"하하, 이제 관심이 생긴 건가요?"

"네, 저도 네트워크마케팅에 관심을 갖게 되었어요. 그렇게 일찍부터 네트워크마케팅을 이해하시고 또 크게 성공하셨다고 들었는데, 존경스럽습니다."

"아, 반가운 일이네요. 그런데 어쩐 일로?"

"네, 사실은 선배님이 하시는 네트워크마케팅은 아니고 다른 건데요. 요즘 뜨는 게 있어서 소개드리고 조언도 듣고 싶어서 연락드렸어요."

"조언이요?"

새로운 다단계 혹은 피라미드 업체가 생기면 조언을 핑계로 저를 찾아와 유혹하려는 경우가 그동안 여러 번 있었기에 크게 놀라지는 않았지만 마음은 편치 않았습니다. 실제로 국내에 새로운 다단계 업체가 생기거나 외국에서 만들어진 업체가 우리나라에 진출하면 이들은 다단계나 네트워크마케팅에 생소한 사람보다는 이미 경험이 있거나 비즈니스를 하고 있는 사람들을 초기 공략 대상 1순위로 삼는 경우가 아주 많습니다. 전혀 모르는 사람들보다 더 쉽다고 판단해서겠지요. 그렇게 여러 가지 혜택에 유혹되어 초기 선점자가 된 이들은 자신의 경험을 내세워 아주 능숙하게 기존의 다른 네트워크마케팅 회사들과 비교하거나 비난하며 다른 사람들을 끌어들입니다.

애기를 들어보니 후배가 가입한 네트워크마케팅은 돈을 투자하면 외국 통화의 환차익에 투자하여 큰돈을 벌 수 있다는 금융 피라미드였습니다. 금융이기 때문에 제가 하는 생필품 네트워크마케팅과 충돌이 없고 제가 잘 아는 누구누구도 한다며 은근한 자랑을 덧붙였는데, 놀랍게도 그 누구 중에는 외국에서 오랫동안 경제학 공부를 하고 얼마 전까지 유명한 외국계 은행에 다니던 친구도 있었습니다. 후배는, 돈을 투자하거나 돈 있는 사람들을 소개해 투자를 유도하면 전문가들이 투자를 대행하여 큰 수익률로 돌려주는데 거기에다 두 줄로 전개되는 보상 플랜으로 인해 지금 빨리 가입하고 돈을 투자하면 쉽게 큰돈을 벌 수 있다고 설명했습니다.

"선배님, 네트워크마케팅이 기하급수적으로 성장하고 있잖아요. 지금 저희 회사는 시작한 지 얼마 안 되었기 때문에 함께 하시면 쉽고 빨리 성장할 수 있어요. 선배님은 이미 네트워크마케팅에서 성공하신 분이기에 특별한 대우를 받으실 겁니다. 지금 하시는 비즈니스와는 비교가 되지 않을 만큼 보상이 빠릅니다. 이미 검증이 되었고요. 그리고 이걸 만드신 대표님은 외환과 경제 분야의 전문가이면서 다른 이들을 도우려는 철학을 가진 참 훌륭하고 대단한 분이에요."

"아, 그런가요? 초기라면서 뭐를 어떻게 검증했다는 말이지요? 앞뒤가 안 맞는 것 같은데요. 그리고 빨리할수록 유리하다면 그게 바로 피라미드 아닌가요? 두 줄 마케팅 조직을 짜는 이유가 바로 거기에 있고요. 누구든 깊이 들어가면 회사를 경영하는 사람들 빼고는 결국 피해를 보게 되잖아요. 좀 더 알아보시고 판단하는 게 좋겠네요. 그게 내 조언입니다."

"선배님도 참 답답하시네요. 빨리 시작할수록 유리하기 때문에 네트워크마케팅이 좋은 거 아닙니까? 그래서 지금까지 오랫동안 하시는 게 아닌가요?"

"음, 저에 대해서도 네트워크마케팅에 대해서도 잘 모르고 있는 것 같군요. 세상에 '쉽고 빨리' 돈 버는 방법이 정말 있다고 보나요?"

"……"

더 이상의 대화는 무의미했어요. 저는 할 말을 잃었거든요. 네트워크마케팅이 무엇인지도 모르면서 피라미드 상술에 유혹되어 네트워크마케팅이라고 부르고, 조언을 받으러 왔다면서 저를 설득하려고 하니까요. 참 아이러니합니다. 더군다나 환차익을 노리는 투기 거래(FX foreign exchange, 외환마진거래)는 제가 몇 년간 주식과 파생상품에 투자해서 큰돈을 벌어보려고 욕심을 냈던 직접 해본 경험자여서 이미 잘 아는 내용이었습니다.

쓴웃음으로 마무리된 이 만남은 제법 똑똑하다는 사람들조차 피라미드 상술을 변별하지 못하고 그저 '쉽고 빨리' 돈을 벌 수 있다는 유혹에 넘어간다는 사실을 증명해주었습니다.

더 놀라운 것은 그가 방금 이야기하고 간 회사가 당시에 이미 불법 다단계 및 유사금융 사기 혐의로 조사를 받고 있었다는 사실입니다. 인터넷 등에서 쉽게 찾아볼 수 있는 내용이었지요. 결국 3년여가 지난 최근에 그 훌륭하다는 대표가 1조 원대 사기 혐의로 구속되고 형이 확정되었다는 뉴스를 듣게 되었습니다. 이 글을 쓰는 현재도 그는 아직 자유롭지 못한 것으로 확인하였는데, 그 후배는 무엇을 하고 있을지 궁금합니다. 아마도 누군가를 유혹해 오면 빨리 쉽게 돈을 벌 수 있다는 또 다른 다단계에 빠져 있을 가능성이 높지 않을까요?

불법은 무시되고
피라미드는 포장된다

◉

그 외에도 제가 경험한 비슷한 사례는 제법 많습니다.

"가입비가 있거나 초기 구입이 조건이면 우리나라에서는 불법인데, 어떻게 가능하지요?"

"불법 아니에요. 불법이라면 정부에서 허가를 내줄 리가 없잖아요. 우리 회사는 공제조합에 가입도 되어 있어요."

"우리나라 다단계 법률에 의하면 허가가 아닌 등록제라는 건 아시나요? 그리고 공제조합 가입은 최소한의 요건일 뿐이고요. 다만 일일이 단속하지 못해서 그런 거 같은데, 나중에 위법이 알려지면 그동안의 노력이 수포로 돌아갈 텐데 그땐 어쩌려고요?"

"……."

"인터넷을 찾아보니 검찰의 무등록 불법 다단계 리스트에 있던데, 괜찮을까요?"

"아, 그건 무시하셔도 됩니다. 본부가 외국에 있고 이미 성장하고 있거든요."

"네트워크마케팅은 평생 자산을 쌓아가는 일인데 그런 업체를 믿고 갈 수 있나요?"

"못 미더우신 것 같은데 제 통장 보여드릴까요?"

"요즘은 스마트폰이 생필품인 데다 두 줄 마케팅이라 지금 빨리 시작할수록 유리합니다. 깃발을 꽂아만 놓으면(회원가입을 하면) 아래로 네트워크가 생겨 돈을 쉽게 빨리 벌 수 있어요."

"먼저 하면 유리하다는 이야긴데, 그런 게 피라미드 아닌가요?"

"피라미드 아니에요. 그리고 통신 시장이 얼마나 큰지 아세요? 무궁무진하다고요."

"통신이라면 제품 차별화가 쉽지 않을 텐데요. 그리고 통신회사(생산자)가 직접 하는 게 아니지요?"

"하하, 통신회사가 직접 하는 거나 마찬가지예요. 또 모르셔서 그렇지, 보상 플랜이 차별화되어 저희가 곧 최고가 될 거예요."

"그럼 저는 그때까지 기다려볼게요. 순수한 소비자들은 1등만 구전하니까요. 그다음에 해도 늦지 않겠지요."

"아니, 아직 1등이 아닐 때 지금 먼저 시작하는 게 유리하다니까요."

"먼저 하는 게 유리하다면 그건 피라미드인데…"

"……"

"아, 요즘 자주 듣고 있어요. 그것도 두 줄 마케팅이지요. '바이너리(binary)'라고 하는."

"네, 선배님도 지금 하시면 아주 유리합니다."

"노력을 적게 해도 큰 수입이 된다는 뜻인가요?"

"맞습니다. 그래서 요즘 네트워크마케팅이 대세예요. 큰 노력 없이 수입이 되고 능력이 없어도 누구나 성공할 수 있으니까요."

"……"

"그 회사는 어떤 점 때문에 선택하게 되었나요?"

"그동안의 네트워크마케팅은 주로 외국에서 시작된 것인데, 우리나라에도 좋은 게 많습니다. 대표님이 애국자이시라 우리나라 토종 마케팅을 만들었어요. 요즘 빠르게 성장하고 있는 것

아시지요?"

"요즘은 중국산 제품 없이는 하루도 살기 어려운 글로벌 세상에… 토종을 주장하는데 공감하기 어렵군요. 외국 영화는 안 보시나요? 잘나간다는 이야기는 듣고 있어요. 최근에 다른 나라로 진출한다고 들었는데, 그럼 외국에 가서는 뭐라고 하나요?"

"……."

"앞으로 민영화가 되면 엄청난 기회가 생깁니다."

"민영화는 정부의 정책이라 언제 가능해질지, 또 어떤 모습이 될지 예측이 어려울 텐데 정부를 움직이는 힘이라도 있나요?"

"민영화는 대세입니다. 기회는 빨리 잡는 게 임자예요. 정말 시작되면 선배님이 후회하게 되실 텐데요."

"민영화가 안 되거나 되어도 언제 될지, 또 국가 기간산업이니 허용될지도 알 수 없는데, 안 되면 후회 정도가 아닐 듯한데, 비즈니스를 요행에 맡기라고요?"

"……."

실제 현장에서는 이러한 대화들이 끊이질 않습니다. 누구도 자신이 잘못 생각했었다고, 당신 말이 맞다고 상대방의 말에 수긍하는 경우는 없습니다. 누구든 잘못된 생각이 바뀌거나 올바른 선택이 아니었다고 인정할 때까지는 시간이 많이 필요할 겁니다.

쉽고 빨리 큰돈을 벌 수 있다?

좀 멀리 떨어져서 보면 상식적으로 판단할 수 있을 문제인데, 그렇게 하지 못하고 **다단계판매를 네트워크마케팅으로 오인하거나 피라미드 상술에 빠져드는 이유가 무엇일까요?**

가장 큰 이유는 '쉽고 빨리 큰돈을 벌 수 있다'는 유혹 때문입니다. 다른 말로 근사하게 포장한다 해도 그것이 실체이지요. 거기에 '돈이 돈을 번다'는 속설까지 가세하여 매달 내야 하는 회비 혹은 구입 조건과 적지 않은 가입비도 당연하게 받아들이고, 어렵게 모은 돈을 투자하는 사람들도 생깁니다.

거의 모든 가치가 돈으로 표현되고 돈이 없으면 생활할 수 없는 현대사회에서 '쉽고 빨리 큰돈을 벌 수 있다'는 유혹에 넘어가는 것을 비난할 수는 없습니다. 하루 빨리 돈 걱정에서 벗어나고 싶은 것은 모든 사람들의 바람이니까요. 하지만 그런 유혹은 반드시 위험과 누군가의 피해를 초래합니다.

■ '쉽다'는 '불로소득'과 다르다

사람들이 어떤 일을 시작하려 할 때 첫 번째 필요 조건이 '쉽다' 혹은 '쉬워 보인다'가 아닐까 합니다. 달리 말하면 '나도 할 수 있겠네'이지요. 저도 동료가 이야기하는 네트워크마케팅이 쉬워 보여서 관심을 가졌으니까요. 돈을 투자하지 않아도 되고 자투리 시간에 소비 경험을 열심히 구전하는 것이니 당연히 할 수 있다고 생각했지요.

문제는, '쉽다'를 돈만 투자하면 혹은 위치만 잘 잡으면(먼저 가입하면) 큰 노력 없이도 돈을 벌 수 있다는 불로소득의 의미로 해석할 때 생깁니다. 큰 이율로 되돌려주겠다며 돈을 투자하라고 유혹하는 피라미드가 대표적입니다. 돈만 투자하면 위험 없이 쉽게 큰돈을 벌어 돌려줄 것처럼 유혹하지요. 실제로는 그렇게 큰돈을 벌 수 있는 능력이나 수단이 없기 때문에 나중에 투자한 사람들에게 주는 돌려 막기로 버티다가 결국 많은 분들에게 금전적 피해를 입힙니다. 신문, 방송에 심심치 않게 등장하는 사건의 전형적인 수법입니다. 그래도 여전히 사람들은 그런 유혹에 잘 넘어갑니다.

'쉽다'의 또 다른 형태는 가입 회원들의 조직을 두 줄, 세 줄 등으로 폭(width)을 제한하는 피라미드입니다. 유사 다단계판매 조직에서 흔히 채택하는 전략 중 하나인데, 큰 노력이 없어도 소위 '아래'로 파트너가 생기면서 네트워크가 커지고 소비가 일어날 것이기 때문에 빨리 가입할수록 큰돈을 벌 수 있다고 유혹합니다. 이런 피라미드 상술은 경제적으로 어렵거나 귀가 얇은 사람들에게 더 잘 먹힙니다. 구원(救援)이나 기복(祈福)에 목마른 사람들을 유혹하는 사이비 종교처럼 말이지요.

'공짜 점심은 없다'는 말처럼 모든 보상에는 노력과 수고가 필요하다는 사실을 분명히 이해해야 합니다. '쉽다'를 '큰 노력 없이 된다'가 아닌 '특별한 재능이나 배경, 조건에 관계없이 누구나 할 수 있다'는 뜻으로 해석한다면 피라미드에 빠지는 일은 없을 겁니다.

■ '빨리'는 유혹하기 위한 말에 불과하다

누구나 오래 기다리는 것보다는 '빨리' 되는 것을 좋아합니다. 하지만 세상의 모든 성과는 어떤 투자의 결과이고, 투자는 반드시 기다림을 요구합니다. 무엇이든 가치 있는 걸 얻으려면 반드시 시간이 필요하다는 뜻이죠. 큰 결과일수록 더욱 그렇습니다. 그런데 우리는 '빨리'의 유혹을 뿌리치기가 쉽지 않습니다. 특히 불확실한 미래를 기다릴 때는 불안함 때문에 더욱 그렇습니다.

많은 경우 '빨리'는 '쉽다'와 붙어 다닙니다. 오래 걸리는 일을 '쉽다' 고 하진 않으니까요. 앞에서 예를 든 경우처럼 빨리 높은 이율로 돌려주는 금융 피라미드나 빠르게 성장한다는 두 줄 피라미드가 그렇습니다. 앞서 언급한 '쉽다'는 특성과 더불어 조직이 '빨리' 커나가는 것 같은 모양을 만들기 때문입니다. 하지만 이런 인위적인 조직은 소비자 네트워크가 아닌 판매자 네트워크일 때뿐입니다.

무엇이든 얻으려면 시간이 필요하고, 모든 가치 있는 투자는 기다림을 동반하는 것이 세상의 이치임을 이해한다면 '빨리'는 그저 유혹의 말뿐임을 알아챌 수 있습니다. 지속적인 가치를 내는 수입 혹은 성과를 얻으려면 충분한 시간과 노력이 필요한 게 당연하지요.

네트워크마케팅은 임대료가 나오는 건물(자산)을 쌓아 올리는 것과 같습니다. 기초를 탄탄히 하고 차근차근 애용자를 늘리면서 인세적 수입도 커지도록 해야 합니다. 욕심이 앞서서 빨리 쌓으려고만 하면 부실공사가 되어 무너지고 말 것입니다. 빨리 달

군 쇠는 빨리 식는 법이지요.

■ '큰 수입'보다는 꾸준한 수입이 낫다

사람들은 일확천금을 꿈꿉니다. 그래서 금광을 찾아 헤매고 로또나 복권을 삽니다. 뜻밖의 행운이 없지는 않겠지만 그게 내 이야기가 될 것이라는 요행만 바라면서 살 수는 없습니다. 어쩌다가 큰돈이 생기면 마음이 들떠서 잘못된 투자를 하거나 과소비를 하다가 오히려 전보다 더 못한 환경으로 쇠락하는 경우도 적지 않습니다.

차라리 그런 가능성이 거의 없는 요행을 바라면서 일회성 수입을 좇기보다는 차근차근 모으고 쌓는 일에 시간과 노력을 기울여야 합니다. 자라나는 아이들이 미래를 위해 차근차근 진학하면서 공부해가듯이, 사업가가 작게 시작하여 꾸준히 성장하듯이 말이지요. 정말 가치 있는 것은 작은 것들이 모이고 시간이 쌓여 생긴다는 사실을 기억해야 합니다. 어찌되었든 법으로 정해진 보상 범위 안에서 노력하거나 기여한 만큼 보상을 받는다면 남에게 피해를 끼치거나 자신이 곤경에 처하는 일은 없을 것입니다.

사실 진정한 의미의 큰돈은 지속적인 현금흐름(cash flow)의 가치를 지닌 돈입니다. 예를 들어 매달 일정 금액의 이자가 나오는 원금의 크기를 생각해보세요. 연이율 2.4%의 예금에서 매달 200만 원 정도의 이자가 나오려면 통장에는 10억 원이 있어야 하지요. 다시 말하면 매달의 꾸준한 수입 200만 원은, 대부분의 사람들은 평생 만져볼 기회도 없는 10억 원의 가치라는 뜻입니다. 따라서 큰돈을 바라는 이유가 돈 걱정에서 벗어나고 싶어서라면 매달의 연금 같은 지속적인 수입을 이야기하는 비즈니스에 관심을 가지는 게 올바른 변별력의 시작입니다.

안티사이트의 함정

인터넷 시대에 사는 우리는 많은 정보를 인터넷에서 얻습니다. 네트워크마케팅에 대해 처음 듣게 되면 소개한 친구에게 궁금한 점을 물어보는 대신 인터넷부터 검색해보는 사람들이 많지요. 그러면서 자연스럽게 네트워크마케팅에 대해 부정적인 내용과 비판으로 가득 차 있는 안티사이트(anti-site)를 방문하게 됩니다. 이는 평소에 가까이 지내거나 믿을 만한 사람이 소개해도 마찬가지입니다. 네트워크마케팅의 경험이 많거나 그 분야에서 성공한 사람이 이야기해도 마찬가지이지요. 이런 행동을 탓할 이유는 없습니다. 더 많은 정보를 얻고 알아본 뒤에 판단하려는 것이니까요.

안타까운 점은 안티사이트의 내용이 맞고 틀리고를 떠나 부정적인 경험과 관점만을 보여준다는 사실입니다. 따라서 정말 좋은 평생의 친구 혹은 멋진 수단을 만날 기회를 잃을 가능성이 있지요.

그런데 왜 어떤 이들은 안티사이트의 내용을 더 신뢰하는 것일까요? 제가 생각하는 이유는 다음과 같습니다.

- 이미 갖고 있는 부정적인 선입관이나 의심을 큰 노력을 들이지 않고 확인하기 위해서이다. 전혀 관심을 안 가지려니 마음이 불편한 이들이 더 이상 관심을 갖지 않는 자기 자신을 합리화하기 위함이다.

- 자존감이 낮은 이들은 자신의 변별력을 스스로 믿지 못하고 중요한 정보를 낯모르는 사람들로부터 얻으려 하고, 그 정보를 더 객관적이라고 믿으려 한다.

- 자신이 남보다 더 똑똑하다고 믿는 사람들은 가까운 사람들이 가져온 정보도 무시하는 경향이 있는데, 그 근거를 공개된 실패의 경험에서 찾으려고 하는 것이다. 사실 인터넷

에는 긍정적인 내용이나 성공한 사람들의 이야기도 아주
많다.

- 과거의 경험이나 여기저기서 들은 나쁜 사례들을 떠올리며
가까운 사람이나 어떤 형태로든 이해관계에 있는 사람들을
더 경계하는 경향이 있다.

한편으로 안티사이트에 자신의 시간과 노력을 들여 글을 올리는 사람들은 왜 그러는 걸까요? 긍정적으로 해석한다면 다른 사람들이 자신과 같은 경험을 하지 않길 바라는 선한 의도에서 시작된 행동으로 이해됩니다. 하지만 **글을 올리는 사람들의 잘못된 이해나 경험이 전부는 아니지요. 그저 개인적인 경험, 관점, 이해일 가능성이 큽니다.** 예를 들면 식당을 해서 성공한 사람들이 많고 여전히 잘하고 있는 사람들도 많지만, 자신 혹은 아는 누군가가 식당을 하다가 망한 사례를 가지고 '식당을 하면 망한다'는 내용의 경고성 글을 올리는 것과 유사합니다.

네트워크마케팅에서도 다르지 않습니다. 조금 관심을 갖다가 그만둔 사람들, 열심히 했지만 성장이 없어 멈춘 사람들, 인간관계에 어려움이 있어 멈춘 사람들, 잘못된 사례들을 직접 경험한 사람들 등 다른 사업들처럼 실패의 경험이 다양합니다. 그러

나 세심하게 그 글들을 읽어보면 대부분 다음과 같은 공통점이 발견됩니다.

- 글쓴이가 다단계판매와 피라미드, 네트워크마케팅을 분명하게 구분하지 못하고 같거나 유사한 것으로 이해하고 있다. 그래서 금전적·감정적 피해를 본 피라미드 혹은 다단계의 경험을 네트워크마케팅의 경험처럼 쓴다. 하지만 우리나라에서는 법에 의해 가입비나 추가 금전적 부담을 규제하고 100% 만족 보증을 실시하므로 네트워크마케팅을 하면서 비정상적인 욕심을 내지 않는다면 크던 작던 금전적 피해를 볼 가능성은 거의 없다.
- 네트워크마케팅에 대해 올바르게 알고 있다 하더라도 내가 성공하지 못했다면 부정적으로 볼 수밖에 없다. 어쩌면 본질에서 벗어나 '쉽고 빠르게 큰돈'을 벌려고 했다가 실패했던 사람들이 자신을 합리화하려는 의도에서 부정적인 관점의 글을 올릴 수도 있다.
- 잠깐의 부정적인 경험 혹은 특정 업체에 대한 감정적인 편견이나 선입관으로 비판을 쏟아놓는다.
- 별 경험이 없으면서 자신이 가지고 있는 고정관념의 논리로

스스로의 똑똑함을 과시한다.

- 인간관계의 어려움이 글 속에 숨어 있다. 잘 살펴보면 네트워크마케팅의 본질 혹은 제품 등에 대한 근거 있는 비판보다는 '누가 어떻게 했다'는 잘못된 행태와 사람들에 대한 실망을 쏟아놓고 있다.

비즈니스는 투자입니다. 단순히 좋은 제품의 소비자가 되고 애용자를 늘리는 차원을 넘어 비즈니스로서 관심이 있다면 시간을 투자하여 충분히 알아보고 자신의 변별력을 동원해야 합니다. 안티사이트에서 낯선 사람들로부터 정보를 가져오는 대신에 소개해준 사람, 성장하고 있는 사람, 오랫동안 실제로 몸담고 있는 사람에게서 배우고 알아봐야 합니다.

무엇이든 성공하려면, 또는 크고 가치 있는 결과를 얻으려면 적어도 1만 시간을 투자해야 한다고 합니다. **1만 시간을 투자할 만한 일이라면 그전에 올바로 판단하고 결정하기 위해 적어도 10시간, 100시간의 투자는 아까워하지 말아야 합니다.** 만족스런 소비 경험을 구전하여 애용자를 만들어가는 비즈니스이니 시간 투자와 더불어 주요 아이템(제품)의 감동을 경험하는 것 또한 아주 중요한 투자임을 잊지 마시기 바랍니다.

피라미드의
전형적인 상술

●

　한번은 오랜 친구와 이야기를 나눴습니다. 제가 하는 네트워크마케팅을 아주 오래 전 비즈니스 초기에 소개했었지만 이해가 부족했는지, 혹은 대학강사라는 사회적 지위가 부담이 됐는지 부부 모두 조금도 관심을 가지려 하지 않았지요. 만나자고 하면 자주 핑계를 댔고, 때로는 왜 하면 안 되는지를 자신만의 논리로 말하며 저를 설득하려고도 했던 친구입니다. 그런데 언젠가 제품이 좋다는 이야기를 누군가에게서 듣고는 그의 아내가 회원가입을 해 지금은 건강식품과 생필품 몇 가지를 애용하고 있습니다. 그러나 저를 볼 때마다 "왜 아직도 그런 일을 하느냐?"고 묻는 것은 여전합니다. '그런 일'이란 '하찮은 일' 또는 '누군가에게 부담이나 피해를 주는 일'이라는 뜻입니다. 왜 그렇게 생각할까 궁금했는데 그가 아주 오래전 당시 떠들썩했던 자석요 피라미드에 빠져 본인은 물론 가까운 지인들에게 피해를 입히고 많은 비난을 받았던 경험이 있었음을 알게 되었지요. 그 한 번의 경험이 무척이나 강한 고정관념으로 자리 잡았나 봅니다.

저는 그가 불법 피라미드에 빠졌던 이유가 무척이나 궁금했습니다.

"그런데, 그때 도대체 뭐에 끌렸던 거니?"

"경제적으로 어려웠던 때라 돈을 벌고 싶었거든. 마침 어머니가 허리가 아프다고 하셨는데 자석요가 좋다고 해서…. 근데 별 효과가 없었어. 돈도 돈이지만 주변 사람들에게 신용을 잃었지. 우스운 사람이 되어버렸어."

"저런! 크게 상심했겠네."

"그때 권했던 친구들에게도 내내 미안한 마음을 가지고 있어. 아주 오래전 얘기지만."

"근데 예전에 네가 경험한 사업이 지금 내가 하고 있는 비즈니스와는 전혀 다르지 않아?"

"글쎄, 제품은 다르지만 방법은 비슷한 것 같은데."

"비슷하다고?"

저는 어이가 없었지만 그 친구의 나쁜 경험에서 온 선입관은 요지부동이었습니다.

사실 피라미드 상술은 '빨리, 쉽게'의 전형적인 유혹 방식을 앞세워 성장하다가 결국에는 참여자들에게 금전적 피해를 주고, 그 피해가 넓게 확산된다는 점 때문에 크게 지탄을 받았습니다. 성품이 좋은 제 친구가 빠진 걸 보면 그 유혹이 얼마나 강했는지 알 수 있지요. 보통 이러한 판매 조직은 일반적으로 피라미드 형태를 띱니다. 신규 가입 시 고가 물품을 구입하도록 강제하고 두 줄, 세 줄과 같은 구조로 제약을 두어 개인의 큰 노력 없이 쉽고 빠르게 조직이 확산되는 모양을 만들어갑니다.

지금 당신을 유혹하는 사업이나 조직이 다음과 같은 특징을 보인다면 불법 다단계판매(피라미드)라고 볼 수 있습니다.

- 공정거래위원회 혹은 각 시도에 등록되어 있지 않다(무등록 업체).
- 공제조합 혹은 이에 상응하는 소비자피해보상보험에 가입되어 있지 않다. 그렇기 때문에 만약의 경우 피해를 보상받을 수 없다.
- 대체로 아이템(제품)의 품질이 낮고, 가치에 비해 과도하게 비싼 고가품을 취급한다. 현재 법률은 큰 피해를 막기 위해 물품의 단일가격을 최대 160만 원(부가세 포함)으로 제한

하고 있다.

- 실질적인 제품(아이템)이 없거나, 제품은 장식용이고 실제로는 금전이 오가는 것으로 돈을 버는 형태를 취한다.

- 터무니없거나 과도한 보상을 약속하며, 투자 혹은 점포 개설을 유도하거나, 개인의 의사에 반하여 가입 및 물품 구매, 교육·훈련 등을 강제한다.

- 회원 혹은 판매원 가입 시 가입비와 교육비의 명목으로 돈을 요구하거나 과도한 선구매를 의무화하거나 강제한다. 매달 회비를 내는 것을 조건으로 하는 경우에는 사람을 가입시키는 것만으로 수입이 발생한다. 그렇기 때문에 판매 실적보다 주로 신규 가입에 의존한다.

- 참여하는 사람들은 우선 자신의 가입비를 회수하기 위해 초기에 신규 소개를 아주 열심히 하는데, 결국 나중에 가입한 사람의 돈으로 먼저 가입한 사람에게 보상하는 소위 돌려막기일 가능성이 크다. 이런 회사는 감당할 수 없을 만큼 규모가 충분히 커진 후에 사회적 문제가 된 사례가 아주 많다.

피라미드는 오래 전 미국에서 우표를 이용한 폰지 사기(Ponzi scheme)*가 그 유래라고 볼 수 있는데, 과도한 보상을 약속한 후

폰지 게임(Ponzi game)이라고도 불린다. 대표적인 투자사기 수법 중 하나로 나중에 투자한 사람들의 돈을 먼저 투자한 사람들에게 수익으로 지급하는 돌려 막기 방식이다. 그러기 위해서는 마치 대단하고 특별한 기회처럼 포장하여 투자를 유혹하는데, 실제로는 이윤 창출이 쉽지 않아 지속하기가 어렵고 결국 참여자들은 금전적 손실을 크게 입는다.

1900년대 초 미국의 찰스 폰지(Charles Ponzi)는 우편 요금을 지불하는 대체 수단인 국제우편 쿠폰이 1차 대전 후에 환율이 크게 달라졌는데도 전쟁 전 환율로 교환되는 것을 발견하고 해외에서 이를 대량 매입하여 미국에서 유통시키면 차익을 얻을 수 있다는 점을 이용했는데, 이를 위한 자금을 마련하기 위해 단기간에 50~100%의 수익률을 광고하여 투자자들을 모았다. 승승장구하던 중 이 사업을 의심한 일부 투자자들이 자금을 회수하려고 하면서 순식간에 몰락했다. 계속해서 많은 자금이 유입되지 않으면 투자자에게 약속한 수익을 보장할 수 없으므로 결국 무너질 수밖에 없기 때문이다.

이후 폰지는 금융 피라미드의 원조로 언급되면서 '폰지 사기'라는 용어가 나오게 되었고, 다단계 금융사기를 가리키는 말로 사용되고 있다. 하지만 금융위기가 한창인 2009년에 미국 월가의 금융계 거물인 메이도프(Bernard Madoff)에 의해 또 한 번 큰 규모의 폰지 사기(Ponzi scheme)가 되풀이됨으로써 세계를 떠들썩하게 했다.

폰지 사기가 금융 피라미드라면 우리나라에서는 자석요, 헬스기구 등을 내세운 몇몇 유통 피라미드가 대표적이다.

신규 가입에 의한 돌려 막기로 결과적으로 많은 사람들에게 큰 피해를 준 전형적인 사례입니다. 국내에서는 공동구매를 앞세운 공유경제 방식을 주장하다가 큰 피해를 낳은 경우, 의료·운동 기기 임대 사업 등으로 폰지 사기를 흉내 내다가 수많은 사람들에게 큰 피해를 주고 사회적 물의를 일으킨 경우도 있었습니다. 최근에는 앞에서 예를 들었던 FX 마진 거래를 비롯해 ××코인 등 가상화폐에 투자하는 투기성 유사금융 불법 다단계 등이 성행하며 급하고 무지한 사람들을 유혹하고 있습니다. '쉽고, 빨리'를 경계해야 하는 이유입니다.

다단계판매와 네트워크마케팅의 결정적 차이점

다단계판매는 앞서 언급한 대로 합법적이며 합리적인 경우가 많습니다. 다만 판매나 영업이 주요 활동이라는 점에서 네트워크마케팅이 아닌 네트워크세일즈라고 할 수 있지요. 유수한 인터넷 포털사이트에서 정의한 표현을 빌리자면 프로 세일즈, 즉

판매원 네트워크라는 뜻으로 소비자들로 이루어진 소비자 네트워크가 아닙니다. 실제로 스스로 네트워크마케팅이라고 표방하는 회사들 중에서 대부분은 네트워크세일즈 회사입니다.

다단계판매는 피라미드 상술과는 달리 법에서도 인정하는 일종의 유통 형태이지요. 다단계란 영어의 'multilevel marketing/ sales'를 그대로 번역한 용어입니다. 하지만 총판, 대리점, 도매, 소매와 같은 단계적 유통이 아닌, 판매원들의 조직과 보상 구조를 표현하므로 굳이 네트워크라는 용어를 쓰고자 한다면 네트워크세일즈라고 할 수 있습니다. 피라미드와 구분하는 기준은 합법이냐 불법이냐인데, 합법이라고 해도 피라미드 판매 방식의 윤리적이지 못한 부분을 포함하는 경우가 많으므로 주의해야 합니다.

공정거래위원회의 정의에 의하면, 다단계판매는 '여러 단계의 일반적인 유통 경로를 거치지 않고 상품을 사용해본 소비자가 판매원이 되어 제품을 판매하는 방식'입니다. 소비자 중에서 상품의 가능성을 본 이들이 판매원이 된다는 뜻이지요. 다단계판매는 판매원 조직을 가리킨다는 것을 분명하게 알 수 있습니다. 따라서 정상적이고 합법적인 다단계판매는 상품의 품질과 가격 면에서 비교적 합리적이고, 강제 판매가 아닌 개인의 영업력에 의존하며, 판매 실적에 따른 윤리적 보상을 합니다. 여기서 윤리적이라는 것은 누구나 회사에 기여한 판매 실적에 따라 공개된 보상 규율에 위해 정당한 보상을 받는다는 뜻입니다.

법률이 정하는 합법적인 다단계판매, 즉 네트워크세일즈는 최소한 다음과 같은 사항을 지켜야 합니다. 네트워크마케팅과 구분하여 적용하는 별도의 법률적 카테고리가 없으므로 공통적인 주요 내용을 간추려 정리하였습니다(더 자세한 내용을 알고 싶으면 '방문판매 등에 관한 법률 3장 다단계판매 및 관련 시행규칙/시행령'을 찾아보세요).

- 국내에서 활동하는 모든 다단계판매 업체는 필요한 서류를 갖춰 공정거래위원회 혹은 시도에 등록하여야 한다.
- 판매원의 가입 및 탈퇴는 본인 의사에 따라 언제든 자유로워야 한다.
- 판매 행위에 따른 후원수당 등의 지급은 대통령령에 따라 매출액(판매원에게 공급한 재화 합계)의 35%를 초과할 수 없고 이를 약속해서도 안 된다.
- 어떤 경우든 단일 재화의 가격은 부가세를 포함하여 160만 원을 넘을 수 없다.

- 다단계판매 업체는 공정거래위원회가 인정하는 공제조합 혹은 소비자피해보상보험에 가입되어 있어야 한다.
- 유사수신 행위 및 다단계 펀드 등 재화의 거래 없이 혹은 거래를 가장하여 사실상 금전 거래만 하는 것을 금지한다.
- 가입비 명목으로는 연간 1만 원 이하여야 하고, 판매원에게 연간 3만 원 이상의 판매 보조물품을 구매하도록 의무적으로 부과하거나 판매원 가입 및 수당 지급 조건 등으로 5만 원을 초과하는 금전 수수 혹은 물품 구입을 징수, 강제하면 안 된다.
- 소비자는 물품 구입 등 청약 후 14일 이내, 판매원은 3개월 이내에 자유의사로 이를 철회할 수 있다. 이에 따른 환불은 3영업일 이내여야 한다.

합법적인 다단계판매와 네트워크마케팅은 그 내용이 다른데도 불구하고 별도의 규정 없이 동일한 법의 적용을 받기 때문에 구분이 쉽지 않을 수 있습니다. 하지만 참여자들이 노력의 결과로 받는 수익적 측면을 비교해보면 그 구분이 훨씬 더 용이해집니다.

다단계판매는 회사의 제품을 회원가 혹은 할인가에 구입하여 임의의 마진을 붙여 다른 이에게 판매함으로써 소매 수익을 기대할 수 있고, 실제로 이 점을 강조합니다. 이는 회원가입비 혹은 수당 수령 조건에 따른 일정한 금액의 제품을 의무적으로 구입한 경우 소비자와 차별되어 주어지는 사업자의 권리입니다. 소비자와 사업자의 구분이 명확한 것이지요.

반면 **네트워크마케팅은 소비자 커뮤니티로, 판매 마진 혹은 소매 수익을 얻는 것이 목적이 아닙니다. 구전 비즈니스이니 제품의 감동과 함께 인터넷 쇼핑 방법을 안내하는 것이 주된 행위입니다. 따라서 판매가 아닌 구전 혹은 '정보 전달'에 의해 소비가 일어나면 그로 인한 매출 기여도에 따라 캐시백 보상이 있을 뿐이지요.** 더구나 원칙적으로 가입비가 금지된 우리나라에서는 누구나 비용 없이 회원 가입이 가능하므로 네트워크마케팅의 소매 수익은 없고 당연히 소비자와 사업자의 어떤 구분이나 경계가 없어야 합니다.

네트워크세일즈는 판매원 간의 소개 혹은 후원을 통하여 회사가 의도하거나 상호 합의된 조직이 만들어지고 그에 따라 자신 및 자신이 소개한 판매원의 판매 실적을 기준으로 세일즈 플 랜에 따른 정해진 비율 혹은 금액에 따라 보상이 지급됩니다. 따라서 영업 능력이 뛰어난 판매원은 단기간에 적지 않은 수입 을 올릴 수도 있습니다. 게다가 상위 판매원은 하위 판매원을 도와주고 가르치는 노력에 대한 보상이 있습니다. 일종의 관리 자 역할이지요. 그 결과로 나타나는 하위 판매원의 매출 실적을 기준으로 약속에 따른 추가보상을 받는데, 앞에서 얘기했듯 이 는 정당한 대가로 보는 게 맞습니다. 합법적인 다단계판매에서 먼저 시작한 사람이 더 유리하다고 느껴지는 것은 바로 이 부분 에 대한 이해가 충분치 않기 때문입니다.

네트워크마케팅에서는 자신의 소비와 구전에 의한 매출 기여도를 기 준으로 약속된 규율에 따라 캐시백을 지급합니다. 여기서 매출 기여도 란 소비자들에 의한 소비의 합산으로 측정됩니다. 캐시백은 구전에 의 한 소비가 꾸준하다면 이에 대한 보상 또한 지속적으로 이루어지므로 판매와는 분명히 다릅니다. 따라서 즉시성이 있는 판매 후원 수당 등 세일즈 플랜에 비해서는 단기적으로는 돈이 안 된다 혹은 수 익성이 떨어진다고 이야기할 수 있습니다. 그러나 네트워크마케 팅은 꾸준한 소비자의 증가와 반복 소비하는 애용자들의 매출 기여도에 따라 따박따박 들어오는 인세적 수입을 목표로 하기에 단기적인 수익성을 기준으로 비교하는 것은 네트워크마케팅을 제대로 이해한 것이 아닙니다.

앞에서 여러 차례 강조한 것처럼 모든 비즈니스는 장기적인 관점과 현금흐름의 가치로 수익성을 평가해야 합니다. 일시적인 수입과 은행에 큰돈을 맡기고 매달 이자를 받는 것처럼 애용자들의 꾸준한 소비로부터 발생하는 지속적인 수입은 그 가치가 다릅니다. 이런 이유로 미래를 보고 점점 커나가는 연금과 같은 인세적 수입을 통해 경제적으로 자유로워지려는 꿈을 가진 사람들이 네트워크마케팅에 관심을 갖는 것입니다.

■ 특별한 보상

다단계판매 업체나 네트워크마케팅 회사는 성취에 따른 여러 종류의 특별한 보상을 약속하고 있습니다. 차이가 있다면 세일즈(판매)에는 아무래도 시간, 체력, 나이 등의 제약이 있지만 구전비즈니스는 남녀노소 누구나 가능하다는 것이지요. 이런 이유로 네트워크마케팅을 꾸준히 지속하여 여유로운 부자가 되었다던가 70대, 80대의 나이에도 지속적으로 네트워크마케팅을 하는 이들에 대한 이야기들이 심심치 않게 들리는 것입니다.

그 외에도 여행 등 비금전적인 보상 플랜을 제시하는 경우가 많은데, 중요한 것은 각자의 노력이 매출 기여도로 합리적·윤리적으로 산정되고 투명하게 적용되는가입니다. 또 일관성이 있어야 하지요. 일반 회사처럼 전체의 실적이나 경영 환경에 따라 플랜을 바꾼다면 이는 좋은 파트너 회사라고 할 수 없습니다.

합법적인 네트워크세일즈 회사들은 나름 합리적이고 윤리적인 보상 체계, 즉 세일즈 플랜을 제시하는데 당연히 세일즈 능력이 뛰어난 사람들에게 유리하고, 제품이나 가격 구조 또한 세일즈(판매)에 용이하도록 구성합니다. 혹 다단계판매나 네트워크세일즈 회사들이 보상 플랜의 상대적 우월성을 주장한다면 이는 지속성보다는 판매 실적에 대한 보상의 즉시성을 강조하여 표현하는 것뿐입니다.

여러 차례 언급했듯이 보상의 크기는 판매 구성원들의 영업 능력에 좌우됩니다. 따라서 네트워크마케팅과 비교하여 당장의 큰 수입이 필요한 이들에게는 자신의 영업 능력에 따라 즉각적으로 보상하는 네트워크세일즈가 더 좋은 선택이 될 수 있을지도 모르겠습니다. 물론 그러려면 프로 세일즈맨이 되어야겠지요.

변별을 위해 반드시 확인해야 할
조언 3가지

◉

이제까지 네트워크마케팅, 다단계판매 혹은 네트워크세일즈, 불법 피라미드를 변별하는 힘을 키우기 위해 여러 관점에서 살펴보았습니다. 그러나 여전히 이해가 안 되고 무엇이 올바른 비즈니스인지 변별하기가 어려운 이들을 위해 다시 한 번 정리해 보겠습니다.

어느 경우든 삶의 질을 높이기 위한 수단으로 혹은 나의 큰 꿈을 실현시키기 위해 비즈니스를 선택하는 것이므로 윤리성과 수익성 그리고 성장성을 보아야 합니다. '정말 내가 오랫동안 잘할 수 있는 일일까?'가 선택의 기준이 되어야 한다는 것입니다.

■ 1등 경쟁력의 생필품을 제조하는가?

네트워크마케팅에 관심이 있다면 그 목표를 단기적이고 즉각적인 수입이 아닌 꾸준하고 지속적으로 커지는 인세적 수입에 두어야 합니다. 그러려면 어느 정도 장기적인 시각으로 비즈니스를 바라볼 수 있어야 하고, 파트너 회사는 반복적인 애용자를 만들 수 있는 아이템과 품질을 책임질 수 있어야 합니다. 따라서 누구나 매일 사용하는 생필품을 생산, 제조하는 회사가 파트너 회사여야 합니다. 소비자가 정직하게 구전할 수 있는 1등 경쟁력을 가져야 함은 말할 필요도 없겠지요.

앞서 언급했듯이, 혹 당장의 수입이 꼭 필요한 사람이라면 네트워크세일즈를 선택해야겠지요. 이 경우는 판매에 의한 일회성 마진과 보상을 기대하게 되므로 세일즈 능력을 필요로 합니다. 타고난 세일즈 능력이 있든 훈련과 교육에 의해 세일즈 능력을 키우든 말이지요. 이때도 시장에서 어느 정도 경쟁력이 확보된 회사와 아이템을 선택하는 것이 중요합니다.

■ 사업 내용이 합리적이고 윤리적인가?

네트워크마케팅도 네트워크세일즈도 아닌 중간 형태의 회사는 의심해보아야 합니다. 특히 네트워크마케팅을 표방하면서 두 줄 혹은 세 줄 구조로 전개되는 경우는 그 모양이 분명한 피라미드 형태로, 표면적으로 판단하기 어렵다 해도 실질적인 내용도 다분히 비합리적·비윤리적 요소들을 가지고 있습니다. 따라서 오래 지속되기가 어려울 가능성이 높습니다.

일부 건강식품을 취급하는 네트워크세일즈 회사 중에는 몸이 아픈 환자들을 주요 고객으로 하는 경우도 있습니다. 어려운 용어와 임상 데이터 등을 거론하며 지푸라기라도 잡고 싶어 하는 환자들의 바람에 편승합니다. 그래서 의사, 약사, 간호사 등 소위 전문가들을 후원하고 사업으로 유도합니다. 권위를 앞세워 세일즈를 일으키고 돈을 벌 수 있다고 생각하는 것이지요. 물론 건강식품의 기능성을 이용해 전문가가 아니라도 아픈 사람들에게 도움을 줄 수 있다고 말합니다. 온전히 틀렸다고 말할 수는 없지만 자칫 법에서 금지하는 유사의료 행위가 될 수 있습니다. 건강식품은 말 그대로 건강보조식품이지 치료약이 아닙니다. 치료 효과가 큰 것처럼 안내하거나 과장하면 책임을 져야 할 수도 있고 법을 어길 수도 있으므로 조심해야 합니다.

■ 사업 시스템을 충분히 이해하고 통제할 수 있는가?

네트워크마케팅을 표방하면서 **크고 작은 가입비와 가입 조건을 내거는 곳, 생필품이 아닌 아이템으로 쉽고 빠른 수익을 강조하는 곳, 자신의 노력이 크지 않아도 돈을 벌 수 있다고 주장하는 곳, 경쟁력이 없는 제품들로 다양한 구색을 맞추려는 곳도 경계해야 할 대상입니다.**

특히 적지 않은 금전적 투자를 유도하거나 전제로 하는 경우는 무조건 의심하고 피해야 합니다. 요즘 점점 기승을 부리는 금융 피라미드(외환, 가상화폐 등을 주요 아이템으로 하는 피라미드)가 대표적입니다.

　모든 금전적 투자는 근본적으로 사업 시스템에 투자하는 것입니다. 충분히 합법적이고 신뢰할 만하더라도 냉정하게 판단해야 합니다. 누군가가 나를 위해 돈을 벌어다 줄 것이라고 생각하는 어리석은 불확실성에 투자할 수는 없지 않겠어요?

.

5장

꿈을 이뤄줄 기회,
가족 비즈니스로서의
가치와 비전

'특정 생필품 제조사를 파트너로 하여, 제품의 만족스런 소비 경험을 소개하고 제품의 감동을 적극적으로 구전함으로써 나와 같은 애용자(혹은 단골 소비자)를 만들고, 애용자들의 반복되는 소비(회사 입장에서는 매출)에 대한 보상 규율에 따라 매월 꾸준한 수입을 확보하고 지속적으로 이를 키워나가는 일.'

올바른 네트워크마케팅이 주는 비전은 지속적으로 커지는 인세적 수입에 있습니다. 이는 평범한 소비자들이 자신과 같은 애용자를 만듦으로써 네트워크 자산이 꾸준히 성장하기 때문에 가능하지요. 시간이 가면서 노력이 축적되어 점점 경제적으로 시간적으로 자유로워질 수 있고, 파트너 회사가 존속하는 한 애용자 자산이 상속으로 이어질 수도 있습니다.

삶이 자유롭다는 것은 생계의 압박에서 벗어나 꿈이 커지고 다양해지며 선택의 폭이 넓어진다는 의미입니다. 그에 못지않은 특별한 가치가 하나 더 있는데, 소비와 구전은 남녀노소 누구나 할 수 있다는 점 때문에 가족 모두가 함께 참여할 수 있는 '가족사업의 기회'라는 것이지요.

한 가족이 모두 같은 꿈을 꾸고 같은 비즈니스를 하면서 평생을 함께 나아갈 수 있다면 참으로 멋지지 않을까요? 가족 간에 가치를 공유하고, 가까이에서 서로 도울 수 있고, 일반 사업처럼 실패하거나 금전적 위험에 빠질 일도 없으니 정말 특별한 수단이고 기회가 아닐까 합니다. 이것이야말로 네트워크마케팅이 가진 정말 귀하고 아름다운 가치 중의 하나입니다.

딸의 반가운 선언

어느 날 가족들이 모여 식사를 하는데, 이제 막 대학을 졸업

한 딸 J가 말을 꺼냈습니다.

"아빠, 제가 꼭 취업하길 원하세요?"

"글쎄, 꼭 그런 건 아니지만…. 뭘 하든 일단 취업을 해서 사회 경험을 하는 게 좋지 않을까?"

요즘 3포니 5포니 하는 말까지 등장하며 젊은이들이 일자리를 찾기가 매우 어렵다는 사실은 알고 있었지만, 부모로서 '그래도 첫 사회생활을 버젓한 직장에서 하길' 바라는 마음이 컸습니다.

"꼭 취업을 해야 사회 경험을 하는 건 아니잖아요?"

"그래, 그 말도 틀린 건 아니지. 무슨 말을 하고 싶은 거니?"

"작년에 인턴으로 직장생활을 몇 달 경험했잖아요. 그런데 꽉 짜인 직장생활이 제겐 잘 안 맞는 것 같아요."

"그렇게 잠깐 해본 걸 가지고 맞다 안 맞다 이야기하면 안 되지. 남들은 수십 년도 하는데…. 그리고 직장생활이 맞아서 하는 사람이 어디 있니? 성인으로서 자기 삶에 책임을 지기 위해 하는 거지."

"사람은 늘 꿈을 좇아야 한다고 하셨잖아요?"

"그렇긴 하지. 그럼 네 꿈은 뭐니?"

"화백이요. 화려한 백수죠! 하하."

"한심한 백수는 들어봤는데, 화려한 백수가 어디 있니?"

"굳이 매여 있는 일, 싫은 일 안 하고도 경제적으로 여유 있게 살 수 있다면 화백 아니에요?"

"그거야 그렇기는 하다만…. 화백은 어떻게 되겠다는 거야?"

속으로는 '애야, 아직 젊은데 화백(화려한 백수)이 뭐니? 사회의 일원으로 좀 더 생산적이고 가치 있는 멋진 꿈을 가져야 하지 않겠니?'라는 말을 해주고 싶었지만 입 밖으로 꺼내지는 않았습니다.

사실 그런 이야기는 직장생활을 하면서 네트워크마케팅을 하는 저를 보고 사회의 근사한 직함을 가진 친구들이 소리 내어 또는 암묵적으로 비난하던 말이었습니다. 그들은 마치 직장에서 주주의 이익을 위해 시키는 일을 하고 교수, 공무원 등 근사한 직함을 가진다거나 가게나 사무실을 차려 돈을 버는 일만이 가치 있고 생산적인 일인 것처럼 말했지요. 공부하면서 25년, 대학 졸업 후 근사한 직장에서 IT 발전에 공헌하며 지낸 25년 동안 제가 가졌던 생각이기도 합니다. 저 역시 제가 이해 못 하는 다른 이들의 삶을 비난하면서 말이지요.

하지만 정말 그럴까요? 우리는 스스로 솔직해질 필요가 있습니다. 누구나 자신과 가족을 가장 소중히 생각하고 생계를 유지하고 꿈을 위해 일을 할 뿐입니다. 그 안에서 사회에 기여를 하고 자신만의 소중한 가치도 찾지요. 모든 경제, 사회의 시작점이 되는 소비자로서 말입니다. 누군가는 정치를 하고, 누군가는 거리 청소를 하고, 누군가는 음식을 만들고, 누군가는 중개를 하고, 누군가는 배우고 가르치고, 누군가는 생산·광고·유통을 합니다. 그중에서 무엇이 더 생산적이고 무엇이 더 가치가 있다고 단언할 수 있을까요? 그런데 그렇게 저를 비난하던 친구들이 대부분 일터에서 떠난 요즘은 저를 부러워하고 있지요. 진정한 가치는 사회에서 얻은 직함이 아니라 가족의 행복에서 출발한다면 잘못된 생각일까요?

"나도 엄마 아빠 따라서 네트워크마케팅을 할까 해요."

"응? 네가? 왜 그런 생각을 하게 되었니? 그동안 별 관심 없어 했잖아."

J의 예기치 못했던 선언에 조금은 놀라면서 저는 아내의 반응을 살폈습니다. 사실 저는 J가 언젠가는 저희 부부가 하고 있는 네트워크마케팅 비즈니스를 함께 하기를 바라고 있었습니다. 직장을 다니면서도 할 수 있는 일이기에 더욱 그랬죠. **평범한 인생을 살면서 경제적으로 자유롭게 살고 싶은 꿈이 있는 사람들에게는 가장 좋은 수단이 될 수 있다는 사실을 이미 경험했고, 또 그렇게 믿기 때문입니다.** 하지만 J는 부모인 제 눈에는 아직 어린아이였고 성인으로서 어느 정도의 직장 경험과 사회 경험이 꼭 필요하지 않을까 생각했기에, 또 본인이 큰 관심을 보이지 않았기에 권유하지는 않았었지요.

아내도 뜻밖인가 봅니다. 저를 쳐다보더니 J에게 물었습니다.

"같이 하면 엄마도 좋아! 찬성이야. 간혹 엄마와 딸이 모임에 함께 다니는 걸 보면 참 보기 좋더라. 부럽기도 하고. 그럼 취업은 안 하는 거니? 직장에 다니면서도 할 수 있는데."

"솔직히 저도 처음에는 직장에서 경험도 쌓고 다양한 사람들도 사귀는 것이 좋다고 생각했었는데, 어차피 뭔가를 해서 성공하려면 일찍 시작하는 게 더 좋을 것도 같아요. 아빠 친구 빌 게이츠도 스무 살에 사업을 시작했다면서요?"

"아빠 친구? 하하, 그래. 굳이 네트워크마케팅을 할 거라면 아빠처럼 꼭 멀리 돌아와야 하는 건 아니지."

　제가 직장생활을 끝낸 곳은 세계의 최고 부자인 빌 게이츠가 창업한 마이크로소프트(Microsoft)였습니다. 직장생활 마지막 날의 이야기는 1장에서 이미 소개했지요? 당시에 저는 한국지사의 영업총괄책임을 맡고 있었기에 직책상 그가 한국에 와서 정부의 관료들, 혹은 제 고객이기도 한 재계의 톱 리더들(최고경영자, 재벌총수 등)을 만나는 약속을 잡고 안내를 하고, 가끔은 식사 자리에 동석했습니다. 세계 최고의 부자와 많은 시간 함께 있는 기회가 주어지고 그와 이야기를 나눌 수 있었다는 것은 제겐 큰 행운이었습니다. 저와 나이가 같아서 둘만 있는 시간에는 제 짧은 영어로 이런저런 개인적인 이야기를 하기도 했는데, 집에 와서는 '세계 제일 부자가 내 친구'다'라고 자랑을 하곤 했지요.

　아무튼 나는 속으로 J의 선언이 참 재미있다고 생각했습니다. 네트워크마케팅을 소개하다 보면 잘 모르면서도 자신의 적성에 맞네 안 맞네 하면서 고개를 가로젓거나 제대로 알아보기도 전에 피하는 사람들이 많은데, 지금 J는 몇 달간의 인턴 경험만으로 '꼭 짜인 직장생활이 적성에 안 맞는다'며 오히려 엄마 아빠와 같이 하겠다고 하니까요. 어찌 보면 부모의 간섭에서 벗어나 독립적인 삶을 꿈꾸는 나이일 텐데 말이죠.

"네트워크마케팅은 잘할 수 있을 것 같아?"

"음~ 뭐 자신은 없지만, 저도 할 수 있는 것 아니에요?"

"물론이지! 하지만 잠깐의 경험으로 직장이 적성에 안 맞는다고 말하니 걱정이 되는구나."

"저도 그 정도는 알아요. 꼭 적성에 맞아야 무슨 일을 하는 게 아니라는 거."

"맞는 말이다만."

"걱정 마세요. 그동안 엄마 아빠 옆에서 듣고 보고 나름대로 내린 결정이니 끝까지 할 거예요. 또 제가 흔들리면 스폰서님이 잡아주지 않을까요? 하하!"

"그래, 우리 가족이 함께할 수 있으니 참 좋구나!"

네트워크마케팅에서는 소개하고 이끌어주는 사람을 스폰서라고 부릅니다. 앞장서서 길을 만들고 성공을 후원(sponsoring)한다는 의미이지요. 그러니 J가 말하는 스폰서는 엄마 아빠인 바로 우리 부부입니다. 가족이 서로의 성공을 직접적으로 돕는다는 뜻이니 세상에 이런 뿌듯한 일이 또 있을까요?

저는 미소를 지었습니다. 그렇지만 여느 가정에서라면 네트워크마케팅에 대해 이해가 부족한 부모들이 자녀에게 "너 다단계에 빠졌구나?" 하면서 아이를 다그치고 서로 힘든 시간을 보내게 될지도 모릅니다.

이 책의 또 다른 목적

사실 이 책이 갖는 여러 목적 중의 하나는 무엇이 네트워크마케팅의 본질이고 어떤 가치와 비전을 지녔는지에 대한 변별력을 갖도록 돕는 것과 함께, 누가 비즈니스에서 성공할지를 그동안의 경험을 다듬어서 J에게 가르쳐주고 싶은 내용을 정리하는 것입니다. 사랑하는 딸 J가 좀 더 진지하게 알아보고 공부하는 과정에서 네트워크마케팅에 대한 변별력을 키워 확실히 이해하고 자신의 선택에 책임질 줄 아는 성숙한 사업가로서 꼭 성공했으면 하는 바람을 가지고 말이지요.

"아, 이런 거였어요? 진작 알았으면 더 좋았을걸!" 하면서 관심을 보이고 호기롭게 비즈니스를 시작했다가 오래되지 않아 여러 가지 이유와 핑계로 그만두는 사람들을 많이 봐왔습니다. 세상의 많은 일들이 그렇겠지만 네트워크마케팅도 도중에 그만두는 이들이 많습니다. 꾸준한 추가수입의 가치를 이해하고 시작했어도, 혹은 큰 기회(big business)의 비전으로 자신과 가족의 꿈을 이룰 수단으로 선택했다가도 중도에 포기하는 이들도 있지요.

왜 그럴까요? 그들은 무엇을 보고 비즈니스로 받아들였고 무엇 때문에 멈추게 된 걸까요? 요즘의 올바른 네트워크마케팅은 모든 이에게 열려 있는 인터넷 쇼핑몰의 형태가 된 지 이미 오래됐고, 가입비는 물론 매달 내야 하는 회비도 없고 강제되는 의무 구매도 없어 단순 소비자와 사업가(구전에 적극적인 소비자)의 경계도 전혀 없는데 말이지요. 이들을 바라보는 저로서는 안타까움과 함께 '내가 제대로 안내하거나 이해시키지 못한 걸까?' 하고 자책을 하기도 합니다.

물론 그들 자신이 제일 안타까워하고 속상해 할 것을 압니다. 가입비가 없고 가입 탈퇴가 자유로워 언제든 다시 할 수 있고 애용자로 남아 여전히 제 비즈니스의 일부가 되는 경우도 있지만, 기왕에 시작한 비즈니스를 중간에 포기하는 것은 무척이나 아픈 일일 텐데 멈출 수밖에 없는 이유가 정말 궁금합니다. 혹 왜 시작하는지를 먼저 살펴보면 그 안에서 답을 찾을 수 있을까요?

Money rich, Time rich, Friends rich!

사람들은 왜 네트워크마케팅을 할까요? 어느 비즈니스, 어느 경우든 가장 중요한 질문은 '왜(why)'입니다. '어떻게(know-how)'의 시대에서 '정보가 어디에(know-where)'의 시대로 변해간다고도 하지만 늘 가장 중요한 질문은 '왜(why)'였습니다.

저는 충실한 직장인으로서 가족을 위해 스페어타이어가 필요했었다고 고백했습니다. 딸 J는 아직 젊지만 화백(화려한 백수)이 되는 꿈을 가지고 하지요. 달리 해석하면, 최근에 유행하는 신조어 파이어족(FIRE: Financial Independence + Retire Early, 경제적 자립을 통해 젊은 나이에 조기 은퇴하고자 하는 이들)처럼 '가능한 일찍 스스로 자립해 경제적·시간적 자유로움을 누리고 싶다'는 뜻일 겁니다. 금수저를 입에 물고 태어나지는 않았지만 그럴 수 있다면 정말 좋지 않을까요? 자유로워질수록 가치 있고 이루고 싶은 꿈도 점점 많아지지 않을까요? 삶의 의미와 가치가 달라지지 않을까요?

당신이 지금 네트워크마케팅을 알아보려고 한다면 왜인가요? 생필품인 제품에 만족해서 그저 순수한 소비자로 참여하는 사람도 있지만 저와 마찬가지로 인생의 스페어타이어를 준비하기 위해서일 수도 있고, 당장 추가수입이 필요해서일 수도 있고, 보다 가치 있게 살기 위해 혹은 100세 시대를 준비하여 경제적 자유를 얻고자 할 수도 있습니다. 아마도 이와 같은 다양한 이유들을 한 단어로 묶어 표현한다면 '꿈' 때문이라고 할 수 있지 않을까요?

당신의 꿈은 무엇인가요? 꿈이란 말 그대로 '꿈'입니다. 현실과 바람 사이에 메꿔지지 않은 틈(gap), 혹은 채워지지 않은 갈증 같은 것이지요. 그 틈을 메꾸고 싶다는 건 되고 싶은 모습, 하고 싶은 일이 있다는 의미입니다.

제게도 꿈이 있었습니다. 그러나 현실의 벽에 부딪혀 내려놓았거나 잊고 살아왔을 것입니다. 꿈을 위해 뭔가를 하려니 필요한 게 너무 많고, 그에 비해 돈도 경험도 적절한 수단도 가지고 있지 못하기 때문이지요. 그래서 제가 그랬듯이 꿈을 포기하고 그저 하루하루 삶을 이어가는 사람들도 많은 듯합니다. 한편으론 꿈을 가지고 열심히 살지만 좀처럼 다가가지 못하는 이들도 많습니다. 물론 이미 작은 꿈에 도달한 후 더 큰 꿈을 꾸는 이들도 있지요.

제게 있어서 네트워크마케팅은 현실과 꿈을 이어주는 다리와 같습니다. 그 틈을 메꿔 꿈에 이르게 하는 하나의 훌륭한 수단이지요. 매일 발생하는 생필품의 소비와 만족스런 경험의 구전은 남녀노소 누구나 할 수 있는 일이며, 저희 가족에게 감동을 줄 만한 제품이라면 반드시 애용자들이 많아질 것입니다. 세상의 모든 이들에게 기회가 된다는 말입니다.

그렇습니다. 저는 네트워크마케팅을 합니다. **처음에는 경제적으로 스페어타이어를 마련해보겠다는 생각과 월급 외의 추가수입을 얻겠다는 이유로 시작했지만 시간이 가면서 점점 더 꿈이 커졌습니다. 부자가 되고 싶은 꿈 말입니다.** 돈만 많은 부자가 꼭 행복한 것은 아니라고 합니다. 너무 바빠 가족과 함께 보내는 시간이 적어 갈등을 일으키거나 늘 이해관계가 얽힌 이들과 지내다 보면 외로울지도 모릅니다. 그래서 저는 돈도 시간도 여유가 있는 행복한 부자가 되는 꿈을 꿉니다.

정말 소비자에게 만족을 줄 수 있는 좋은 제품(아이템)이라면 구전만으로 애용자 자산을 점점 키울 수 있을 것이고, 그로 인한 캐시백도 점점 커지면서 머지않아 경제적으로 자유로워질 수 있습니다. 가족들의 삶을 책임질 수 있는 만큼의 **수입이 정말 지속적으로 들어온다면 시간적 자유도 가질 수 있지요. 거기에 새로운 관계와 친구까지 많아진다니 함께 꿈을 꾸는 친구 부자가 됩니다. 경제적 자유, 시간적 자유와 더불어 말이지요.**

Money rich, Time rich, Friends rich!

이렇게만 될 수 있다면 어떤 꿈에든 가까이 다가갈 수 있지 않을까요?

100세 시대, 진정한 가치는 변하지 않는 것에 있다

어떤 이들은 "지금 이 정도면 괜찮아", "그냥 이대로 살래"라고 말합니다. 심지어 "꿈을 키워서 뭐하나?" 하며 냉소적으로 응답합니다. 네트워크마케팅을 이해하지 못해 거절하며 하는 변명일 수도 있지만 실제로 많은 분들이 살아 움직이는 꿈을 갖고 있지 못한 듯합니다.

현실에 치여 작은 꿈조차 꿀 여유가 없어 그럴지도 모르겠습니다. 온갖 미디어에서 매일같이 개인 혹은 가정경제의 위기를 다루지만 앞으로 닥칠 삶의 위험을 감지하지는 못합니다. 이에 대한 반작용인지 "미래를 생각하면 뭐하나? 차라리 지금 행복한 게 최고야!"하며 소확행(소소하지만 확실한 행복)을 추구하면서 현재에 만족하며 살자는 젊은이들의 냉소가 새로운 추세라고도 합니다. 하지만 오늘에 만족하고 즐기는 것도 중요하지만 내일을 생각하고 준비하지 않으면서 오늘 진정한 행복을 즐길 수 있을까 하는 의문이 듭니다. 저는 그렇지 못하기 때문이지요.

현실적으로 많은 이들의 삶에 여유가 없습니다. '노동의 종말'을 증명이라도 하듯 젊은이들은 청년실업의 고통으로 결혼과 출산을 포기하고, 수명은 자꾸 늘어 초고령화 시대에 접어들었는데 노인들은 100세 시대를 맞이할 준비가 되어 있지 못합니다. '건강과 경제'라는 두 마리 토끼를 잡지 못하면 자꾸 길어지는 인간수명은 말 그대로 축복이 아닌 재앙이 됩니다. 당신은 준비가 되어 있나요? 실질소득은 자꾸 줄어들고 가계부채는 눈덩이처럼 불어나는 경제위기가 이제 일상화되고 있습니다. 이에

따라 일자리를 놓고 아버지와 아들 세대가 다투어야 하는 현실
이 눈앞으로 다가오고 있지요. 그럼에도 다가오는 위기를 위기
로 감지하는 이들이 제 주위에는 여전히 많지 않아 보입니다.

설상가상으로 학자들이 이야기하는 컴퓨터와 통신 발달에 의
한 3차 산업혁명에 이어 인터넷과 인공지능(AI), 로봇, 증강현실
(VR) 등으로 상징되는 제4차 산업혁명*은 제레미 리프킨(Jeremy
Rifkin)의 《노동의 종말》*을 기정사실화하고 있습니다.

현실을 직시한다면 그저 어떻게 되겠지 하면서 변화를 거부하
고, 새로운 시도를 두려워하며 안전지대(comfort zone)에만 머물
러 있을 수 있을까요? 과학 기술의 발전에 따라 삶의 환경이 빠

---

* 제4차 산업혁명

사이버 물리 시스템(CPS), 사물인터넷(IoT), 클라우드 컴퓨팅, 인공지
능(AI), 빅데이터, 3D 프린팅, 생명공학 등 첨단 정보통신 기술을 활용하
여 현실세계 모든 사물들의 지능화와 초연결(hyper-connection)을 지
향한다. 따라서 기존 산업혁명에 비해 제4차 산업혁명의 속도와 범위, 시
스템의 영향은 매우 크다.

'제4차 산업혁명'이라는 용어는 독일 정부 정책인 인더스트리 4.0
(Industry 4.0)에서 제조업과 정보통신이 연결, 융합되는 단계를 의미하
였으나, 2016년 세계경제포럼(WEF)에서 언급되며 ICT정보통신 기술을
기반으로 하는 새로운 산업시대를 지칭하게 되었다.

　1995년에 제레미 리프킨이 쓴 저서(이후 개정판 출간)로 과학과 기술의 발전이 노동시장을 위협할 것임을 예견한 책이다. 지식정보화사회로 이양하면서 첨단 기술로 무장된 신기술혁명이 노동자들을 몰아내고 일자리는 더 이상 생기지 않을 것이라는 경고를 하고 있다.

　모든 것이 점점 자동화되어가는 세계에서 더 이상 노동은 불필요하며, 노동자들은 희망마저 빼앗긴다. 이에 대한 대안으로 함께 살아가는 지구 공동체로서의 관점을 제시한다. 즉 새로운 접근 방법으로서 기술 발전의 이익을 그 피해자인 노동자들과 공정하게 배분하는 새로운 패러다임이 요구된다. 구체적으로는 공동체 유지와 재건에 필요한 서비스를 제공하는 자발적 조직과 노동을 장려하고, 그것에 가치를 부여하는 제3 부분의 역할을 강조하고 있다. 이 점에서 앨빈 토플러의 '프로슈머'와 유사하게 느껴진다.

르게 변하는데 개인들이 이를 좇아 기회를 잡는 것이 가능할까요? 이때 **우리에게 필요한 것은 '앞으로 세상이 어떻게 변할 것인가?' 하는 질문보다 '시간이 가도 변하지 않는 것이 무엇일까?' 하는 질문입니다.** 정보 엘리트가 아닌 우리가 변화에 일일이 대응할 수 없기 때문입니다.

　시간이 가도 변하지 않는 것은 바로 우리의 삶 자체이지요. 쓰고 먹고 바르고 닦고 하는 매일의 소비생활 말입니다. 누구든 사는 동안 오래 잘

할 수 있는, 그리고 꼭 해야 하는 것도 소비생활이지요. 네트워크마케팅은 바로 매일의 소비생활에 구전이라는 인간 본능이 더해져 그 대안이 되는 멋진 기회입니다. 100세 시대에 경제와 건강, 두 마리 토끼를 잡을 수 있는 수단이기도 합니다.

왜 도중에 비즈니스를 멈추는 걸까?

저 역시 '더 많은 수입, 더 많은 여유시간, 더 많은 인간관계(Money rich, Time rich, Friends rich)'의 꿈을 가지고 있습니다. 100세 시대를 준비하는 대안으로 최고의 수단이라는 이해와 믿음 속에 네트워크마케팅을 해오고 있지요. 다른 많은 이들도 마찬가지일 것입니다. 처음에는 이해조차 쉽지 않았지만 작은 추가 수입의 꿈을 가지고 시작한 이후로 점점 커지는 믿음과 확신을 가지고 꾸준히 진행하고 있습니다.

그런데 중간에 멈추는 이들이 있습니다. 처음에 관심을 갖다가 금세 그만두는 이들, 제법 열심히 하는 것 같았는데 포기하는 이들, 혹은 성공했다는 소리를 들을 정도로 성장했는데 갑자기 멈추는 이들 등 많은 사람들을 보아왔습니다. 그때마다 의문이 생겼습니다. 아예 처음부터 이해를 못 했거나 관심이 없었다면 모를까, 분명 꿈이 있고 꿈에 이르는 수단을 만나 가능성과 비전을 가지고 시작했는데 왜 중간에 멈출까 하는 의문이지요.

"아빠, 네트워크마케팅을 하다가 그만두는 사람들은 왜일까요?"

"글쎄다. 그건 왜 묻니?"

"친구에게 이야기해보았는데, 걔는 네트워크마케팅은 안 되는 거래요."

"혹시 네 친구가 다단계판매의 나쁜 경험이 있어서 그런 걸까?"

"그렇진 않은 것 같아요."

"그럼 다단계판매와 네트워크마케팅이 다르다는 걸 알고 말하는 걸까?"

"아뇨, 그것도 아닌 것 같아요."

"그럼 그렇게 말하는 근거는 뭘까?"

"물어보니, 자기 엄마 친구를 비롯해 주변에서 하다가 그만둔 사람들 이야기를 많이 들었대요. 크게 망한 사람도 있다고 했어요."

"제대로 된 네트워크마케팅이라면 돈을 투자하지 않는데 망했다는 게 무슨 말일까?"

"그러게요. 그래서 우리가 하는 네트워크마케팅을 아는 대로 설명해주었는데 이해가 잘 안 되나 봐요."

"그래, 누군가 가까운 사람이 하다가 멈추면 자세한 사정은 잘 모르면서도 부정적으로 인식하는 건 자연스러운 일이지. 마치 카페를 하다가 문 닫은 친구가 있다면 카페와 상관없는 다른 이유가 있더라도 '아, 카페는 잘 안 되는 비즈니스로구나'라고 생각되지 않겠니?"

사실 어떤 비즈니스든 중도에 멈추는 이유는 아주 많을 것입니다. 제일 많은 것은 경제적인 이유이고 환경의 변화, 법률과 규제, 인간관계의 어려움 등의 이유도 있지요. 하지만 진짜 이유는 자신만 압니다. 네트워크마케팅도 그 점에서는 크게 다르지 않을 것입니다. 어떤 이유로든 멈추게 되는 이들이 늘 있기 마련입니다. 그런데 인간관계가 주된 가치 중의 하나이고, 누구로부터 어떤 안내를 받는가가 성장과 성공의 중요한 열쇠이다 보니 그 이유가 겉으로 드러나는 경우는 많지 않습니다. 그만둔 이들이 드러내는 변명이 진실이 아닐 경우도 허다합니다. 그러나 다른 이들에게 미치는 영향은 꽤 큰 것 같습니다.

제대로 된 네트워크마케팅은 아주 오래 지속될 수 있다고 저는 믿고 있습니다. 그러니 제가 멈출 이유가 없는 것이죠. 소비자의 삶의 질을 높여주는 만족할 만한 제품이 지속적으로 존재한다면 소비와 구전이 전부인 비즈니스를 멈출 이유가 있을까요?

기회가 된다면 네트워크마케팅 비즈니스를 하다가 멈춘 이들에게서 듣고 싶은 게 있습니다.

그들이 네트워크마케팅에 관심을 둔 처음의 이유는 무엇이었을까요?

그들이 비즈니스를 하기로 했을 때 어떤 꿈을 가지고 시작했을까요?

어떤 가치와 비전을 보고 이제까지 해왔을까요?

그런데 그들은 왜 멈추게 되었을까요?

무엇이 그들을 멈추게 했을까요?

사실 누군가가 하던 일을 멈추는 이유는 다양합니다. 아마도 가장 큰 이유는 '잘 안 된다'이겠지요. 잘되는 비즈니스를 중간에 멈추지는 않을 테니까요. 물론 돈을 투자해야 하는 일반적인 비즈니스라면 더 큰 기회로 전환하기 위해서일 수도 있고, 환경 변화를 미리 예측해서 발 빠르게 움직이는 것일 수도 있습니다. 하지만 대부분은 기대만큼 빨리 성장하지 않기 때문일 겁니다. 매일의 삶 속에서 질 좋은 생활필수품의 소비와 구전으로 성장할 수 있는 네트워크마케팅 비즈니스라면 어떤 이유로든 멈출 이유가 없을 것 같은데 말이지요.

"나도 다 해봤어!"

◉

그럼에도 불구하고 네트워크마케팅을 시작했다가 멈추는 사람들이 실제로 많습니다. 그들은 "나도 다 해봤어!"라고 말합니다. 보통 제품 소비는 하겠지만 비즈니스는 더 이상 안 한다는 뜻이죠. 물론 비즈니스를 멈추면 소비까지 멈추는 이들도 있습니다. 분명히 제품의 감동으로 소비를 시작해 비즈니스로 발전했을 텐데, 좋아하던 제품조차 보기 싫어진 걸까요?

자세히 관찰해보면 여러 가지 이유가 복합적으로 작용했겠지만, 다음과 같은 이유 중의 하나가 아닐까 합니다.

■ 구전 비즈니스의 속성을 제대로 이해하지 못했다

첫 번째 이유는 '네트워크마케팅을 제대로 이해하지 못해서'일 것입니다. 처음에 사람들이 네트워크마케팅에 관해 소개받고 관심을 갖게 된 가장 큰 이유는 아마 '나도 할 수 있을 것 같다'는 생각 때문이겠지요. 다르게 표현하면 '쉬워 보인다', '될 것 같다'고 판단하기 때문이지 않을까요? 왜 아니겠습니까? 소비와 구전이 전부인 비즈니스이니까요. 하지만 이해가 부족한 부분이 분명히 있었을 겁니다.

구전 비즈니스는 제품의 감동에서 시작됩니다. 자신에게 유리한 소비를 선택하는 것이 기본이지만 중요한 것은 단 하나의 제품이라도 감동이 있어야 구전이 시작된다는 것입니다. 올바른 구전이란 감동을 전하는 것이지 상품을 설명하는 게 아니라는 뜻이지요. 그런데 어떤 분들은 소비의 유리함이나 제품의 감동에 대한 확신 없이 '좋은 제품이라고 하니…' 하면서 캐시백에만 관심을 두고 비즈니스를 시작합니다. 오래 지속하기에는 바탕이 너무 약합니다. 돈을 버는 데 초점을 맞추다 보니 '쉽고, 빨리'의 유혹에 빠지기 쉽습니다. '돈을 개입시키면 돈이 돈을 벌어오지 않을까?' 하는 생각에 사재기 등 잘못된 방법을 곁눈질하게 됩니다.

소비의 경험을 나누면서 애용자를 만들기까지는 제법 시간이 걸리기 때문이죠. 구전을 듣고 애용자가 된 사람이 다시 구전을 하게 되면서 네트워크가 성장하는데, 그렇게 되기까지 기다림과 인내가 필요합니다. **모든 열매는 노력과 더불어 기다림 후에 열리는 것이 자연의 이치입니다. 하지만 기다림은 모든 투자에서 가장 어려운 부분입니다. 그렇다 보니 '빨리 돈이 안 돼' 하면서 멈추게 되는 것입니다.** 이런 분들은 앞서 소개한 제 후배처럼 '빨리, 쉽게 돈이 된다'는 말에 피라미드나 다단계판매를 기웃거리게 됩니다.

■ 사람 사이의 갈등을 풀지 못했다

두 번째 이유는 인간관계입니다. 모든 비즈니스는 사실 휴먼 네트워크입니다. 특히 **네트워크마케팅은 '함께하는' 비즈니스입니다. 따라서 사람과 사람 사이의 관계가 힘들어지면 가장 넘기 힘든 장애물이 됩니다.**

좋아서 결혼했다가 헤어지는 부부처럼 소개하고 안내한 분(스폰서)과 관계가 힘들어지면 서로 건디기 힘든 고통이 될 수 있습니다. 같은 생각과 비전을 가진 사람들이 함께하니 일종의 커뮤니티로 볼 수 있는데, 사람들 간에 갈등이 생기거나 비윤리적인 면들이 나타나면 함께 지속하기 어려운 건 어찌 보면 당연한 일입니다. 아무리 좋은 회사에서 잘나가다가도 상사와의 관계가 힘들어지거나 싫어지면 사표를 쓰게 되는 것과 이치가 같습니다.

갈등이 지속되면 그런 이들에겐 네트워크마케팅이 세상에서 가장 어려운 비즈니스가 되어버립니다. 그래서 공통적인 기준이 되는 틀, 즉 '시스템'이 존재하고 모두가 이 틀을 따르려 하지만 이 또한 해석이 다를 수 있습니다. 한 사람 한 사람이 비즈니스의 주체이기 때문이지요.

■ **성장의 오르내림을 견디지 못했다**

세 번째 이유는 앞서 지적했듯이 '잘 안 되어서'입니다. 쉬워 보여서 시작했고, 다른 사람들에게 이야기하면 나처럼 알아듣고 관심을 가질 것 같고, 제품이 좋으니 이야기하기도 쉽고 호응도 있을 것 같아서 시작했는데 친구들이 귀를 기울이지 않습니다. 때로는 가족들의 완강한 반대에 부딪힙니다. "다단계 혹은 피라미드 하니?" 하면서 염려하거나 외면합니다. 부러움의 말인지 비웃음인지 헷갈리는 말로 "너는 잘하겠다. 나는 못 해"라고도 이야기하지요. 그러다 보면 어떤 제품에 감동이 있었다는 사실조차 말하는 게 두려워집니다. 그리고 어떤 분들은 주변에서 비즈니스가 성장하는 사람들을 보면 부러워하며 좇아가려고 하기보다는 열등감에 '난 안 되나 봐' 하며 물러섭니다.

어떤 이들은 초기에 승승장구합니다. 좋은 제품에 대한 인식이 있어 그런지 처음에는 제법 호응도 하고 호기심을 보이는 이들이 주변에 많습니다. 하지만 **세상의 모든 일에는 오르내림이 있습니다. 잘될 때도 있지만 정체되거나 후퇴할 때도 있습니다. 어느 순간 주변 사람들의 호응이 전과 같지 않을 때가 옵니다. 이때 성장이 정체되면서 구전 비즈니스에 대한 갈등이 생깁니다.** 특히 네트워크마케팅을 자신의 비즈니스로 처음 경험하는 직장인, 주부들은 큰 스트레스를 받습니다. 평소에 자신감으로 똘똘 뭉친 사람들이 더 큰 상처를 입기도 합니다. 경험해보지 못한 오르내림 속에 자신감은 떨어지고 마음고생을 합니다. 그러다가 자신의 성장 가능성에 회의가 들면서 비즈니스를 멈추게 되지요. 성장은 멈추고 구전도 멈춥니다. 제품조차 보기 싫어질지도 모릅니다. 어쩌면 모든 비즈니스는 넘어지면서 배우고 장애물을 오르내리면서 성장해간다는 원리를 이해하지 못했을 수도 있습니다.

어느 쪽이든 비즈니스를 제대로 이해하지 못한 것이 비즈니스를 멈추는 이유임에 틀림없습니다. 정작 자신들은 인정하지 않겠지만 말입니다.

　세상의 모든 비즈니스는 시간이 가면서 커가고 발전하지 않으면 견디기 어려운 속성이 있기에 그들을 이해할 수 있을 듯합니다. 하지만 **모든 성장과 성공은 끊임없이 다가오는 멈춤의 유혹과 정체를 뚫고 나가는 확신과 근성을 필요로 합니다. 자신과 선택에 대한 흔들리지 않는 믿음을 가져야 합니다.** 오죽하면 영국의 수상이었던 처칠이 옥스포드대학교 졸업식 축사에서 말한 '(무엇을 시작했든) 결코 포기하지 마라!(Never give up, never never give up!)'라는 짧은 한 마디가 세기의 명연설 중 하나로 꼽힐까요.

6장

누가
네트워크마케팅에서
성공할까

네트워크마케팅을 진행하면서 자주 듣는 말 중에 하나가 '누구나 시작할 수 있지만 아무나 성공하지 못한다'입니다. 소비와 구전이 비즈니스의 본질이라 남녀노소 불문하고 누구나 할 수 있지만, 성장하고 성공하는 것은 다른 모든 비즈니스에서처럼 특별한 요소들을 요구하기 때문이지요. 리더십, 열정, 겸손, 단호함 같은 성품과 자세, 의사소통과 사업가 정신, 성공습관 같은 것들 말입니다. 그리고 당신은 그 성공 요소들을 이미 알고 있습니다. 그렇지 않나요?

성공에 관한 많은 책들이 있습니다. 각종 미디어에서도 성공한 이들을 초대해 배움을 전달하려 합니다. 사회자가 묻습니다.

"어떻게 해서 성공하셨는지 말씀해주실래요?"

성공한 사람은 다른 사람들에게 조금이라도 도움이 되고 싶어서 이런저런 이야기를 합니다. 하지만 아마도 그가 정말 하고 싶은 말은 다음과 같은 몇 마디가 아닐까 생각합니다.

- "저는 꼭 이루고 싶은 꿈이 있었습니다."
- "간절함으로 열심히 했습니다."
- "배운 대로 실천하고 그 속에서 배워나갔지요."
- "제게는 실패가 없었습니다. 성공 아니면 실패 대신 배움이 있었을 뿐이지요."
- "포기하지 않고 끈기 있게 노력한 게 전부입니다. 재능도 노력을 대신할 수 없다 했지요."

그러나 **네트워크마케팅에서의 올바른 질문은 '어떻게(how)'가 아닙니다. '왜(why)'와 '누가(who)'입니다. '왜'가 당신의 꿈을 묻는 질문이라면 '그 꿈을 이룰 수 있을까?'의 질문에 대한 답은 '누가?'라는 질문 안에 있습니다.**

복제성의 원리

◎

'성공은 성공한 사람에게 배운다'.

성공의 제1법칙입니다. 세상의 모든 일이 그렇듯이 **네트워크마케팅에서도 성공하려면 앞서 성공한 이에게서 배우는 게 가장 좋은 방법입니다.** 배울 곳이 있고 기회가 있는데 혼자 깨우치겠다고 고집하는 것은 어리석은 일입니다. 아주 드물게 혼자 스스로 깨우쳐 성장하는 이도 있지만, 그리고 무슨 일이든 처음 시작하는 이가 있기 마련이지만 비즈니스는 효율을 필요로 합니다. 그리고 가장 좋은 효율은 성공과 실패를 이미 경험한 이들에게서 배울 때 나옵니다. 사실 네트워크마케팅이 누구나 할 수 있다고 주장하는 이유는 소비와 구전이 전부라는 본질에 기인하기도 하지만, 또 하나는 앞서간 사람들로부터 배울 수 있는 기회가 하나의 체계화된 시스템으로 정착되어 있기 때문입니다.

어떤 이들은 네트워크마케팅 비즈니스 모델을 '개인 프랜차이즈 시스템'이라고도 표현하는데, 서로 가르치고 배우면서 함께 성장할 수 있기 때문입니다. 배우고 가르치면서 함께 성장하는 경험적 체계를 '시스템'이라고 부릅니다. 놀랍게도 '다른 사람의 성공을 도우면 내가 성공한다'는 윈-윈(win-win)의 인간관계 황금률 속에서 자연스레 만들어진 것으로 보입니다. 사실 자세히 들여다보면 세상의 모든 일에는 반드시 스승이 있습니다. 꿈을 이루는 데, 앞으로 나아가는 데 가르침을 주는 사람이라면 스승이라 부를 수 있지 않을까요? 그래서 우리가 책을 읽고 앞서간 이들을 찾아가고 세미나 등에 참석하는 것이지요.

네트워크마케팅에서는 이를 복제성(複製性)이라고 표현합니다. 누구나 배울 수 있는 기회(시스템)가 있고 배운 것을 또 다른 이에게 가르치면서 성장하는 기본 원리를 표현하는 말입니다. 배움과 가르침이 복제되어 반복되면서 기하급수적인 성장 가능성을 갖게 되지요.

일과 나를 구분하기

이처럼 **배움의 시스템이 있는데도 '아무나' 성공하지 못한다고 말하는 이유가 무엇일까요? 정답은 '간절함'과 '실천'에 있습니다. 누가 더**

간절하고 누가 더 실천하는가에 있지요. 학창 시절에 많은 학생들이 한 교실에 앉아 같은 선생님으로부터 가르침을 받지만 배움이 간절한 이가 더 잘 배우는 것과 같은 이치입니다. 그렇습니다. 간절하면 배운 대로 행동하게 됩니다.

더욱이 요즘같이 지식과 정보가 쉽게 공유되는 'know-where'의 시대에는 진정성과 간절함만 있으면 'know-how'를 얻는 것은 어렵지 않습니다. 그렇지만 **'누가 성공할까?'라는 질문에 대해서는 좀 더 구체적인 답이 필요합니다. 그것은 '일'과 '나'를 구분하는 것에서 출발합니다.**

우리가 비즈니스를 검토하고 선택할 때 많은 사람들이, 심지어는 비즈니스와 경영에 대해 고등교육을 받거나 실제 경험이 있는 사람조차 미처 깨닫지 못하는 부분이 있습니다. 바로 어떤 일 혹은 비즈니스와 그것을 바라보는 자신(혹은 사람)을 구분하지 않고 동일시한다는 것입니다. 예를 하나 들어볼까요?

당신은 지금 자영업으로 식당을 할까 말까를 고민 중입니다. 경험자들을 찾아다니고 프랜차이즈 업체들도 방문해보고 시장 조사를 합니다. 식당을 운영하다가 그만둔 경우를 많이 보았다며 염려해주고 말리는 사람도 만납니다. 그러다 실제 식당을 해보았던 경험자를 만나 이야기를 듣습니다. 경험자가 단호하게 이야기합니다. '내가 해봤는데 그건 안 돼!'라고. 달리 더 좋은 대안이 없을까? 쉽게 결정을 못 하고 고민만 깊어집니다. 혹 가족의 생계가 걸린 일이라면 그 한마디에 쉽게 포기할 수도 없습니다. 하지만 판단과 선택이 쉽지 않습니다.

어떻게 해야 할까요? 좋은 대답은 '나누어 생각한다'입니다. 즉 **'식당은 되는 일(비즈니스)일까?'와 '내가 할 수 있을까?'를 구분하여 생각해야 한다는 뜻입니다.**

식당으로 가족을 먹여 살리고 아이들을 유학까지 보내고 풍요로운 삶을 사는 사람들도 있으니 식당은 되는 일입니다. 한 발 더 나아간다면 '어떤 식당이 되는가?'라는 질문을 할 수 있겠지요. 유행처럼 등장했다가 사라진 조개구이 집이나, 인터넷의 등장으로 사라진 동네 책방처럼 세상의 흐름(트렌드)에 역행하지 않도록 장기적 관점에서 판단할 수 있어야 합니다.

이제 '내가 할 수 있는가?', '내가 성공한 식당 주인이 될 수 있는가?'를 물을 차례입니다. 아직 경험이 부족하다면 먼저 잘 되는 식당에서 일을 하며 경험을 쌓아 배우든지, 관련 책을 보고 공부를 하면서 성공 경험이 있는 이들을 찾아다니며 차근차근 직간접 경험과 지식을 쌓으면 됩니다. 나를 '될 수 있는 사람'으로 만들어가는 거지요. 물론 잘하기까지는 시간이 걸립니다.

많은 시간을 투자해 끈질기게 경험을 쌓고 배워나가야 하지요. 처음부터 잘할 수 있는 사람은 세상 어디에도 없습니다. 긍정적인 생각, 긍정의 힘이 필요합니다.

- "다 안 된다 하지만 나는 할 수 있지 않을까?"
- "누군가가 되는 일이라면 나도 할 수 있을 거야."
- "나도 열심히 하면 될 수 있어."

다시 한 번 말하지만, **우리는 어떤 일을 판단할 때 '그 일이 되는 일인가?'와 '내가 잘할 수 있는가?'를 구분해야 합니다. 그러고 나면 '누가 성공할까?'라는 질문을 통해 앞서 성공한 이들을 멘토로 삼아 이제부터 나를 키워나가는 것이죠.** 평생을 건 비즈니스나 자신의 삶에서 중요한 일이라면 더욱 그래야 합니다.

'내가 정말 잘할 수 있을까?'라는
의심 걷어내기

◉

네트워크마케팅을 한다고 말하는 순간 자주 듣는 말이 있지요.

"그거 아무나 성공하는 게 아니라는데…"

제법 똑똑한 분들은 "전체 회원이 몇 명인데 그중에서 몇 명이 성공했다 하니 확률이 몇 %야. 그런데 그게 되겠어?"라고도 합니다. 만나본 이들 중에는 의심의 눈초리로 저를 보면서 "네트워크마케팅에서 성공한 사람을 처음 본다"고 말하는 이도 있습니다. 하지만 조금만 상식적으로 생각하면 그들의 말은 '나는 할 수 없을 것 같다'라는 핑계 혹은 두려움의 다른 표현임을 알 수 있습니다.

제가 네트워크마케팅을 본격적으로 시작하기 전 10여 년간 몸담았던 기업에 함께 입사한 동기생은 50명이었습니다. 그리고 5년 후에 임원이 된 사람은 한 명도 없었습니다. 당연히 임원이 되기에는 너무 일렀으니까요. 10년 후에도 마찬가지였지요. 19년 만에 한 명이 임원이 되었고, 30년쯤 후에 모두 퇴사하는 동안 세 명이 임원으로 퇴직했을 뿐입니다. 상황이 그렇더라도 "왜 우리 회사는 직원 수는 많은데 임원수는 그리 적지. 비전이 없는 회사야"라던가, "왜 저렇게 오래 다닌 사람만 임원이 될 수 있다면 잘못된 거 아냐?" 혹은 "왜 20년 된 부장님이 5년 된 나보다 월급을 더 많이 받는가?"라고 따지지 않습니다. 같은 맥락에서, 공정거래위원회 홈페이지에 공개된 네트워크마케팅 회사 보고서를 보고 돈 버는 사람, 성공한 사람이 왜 이렇게 적으냐고 따지듯이 말하는 것은 어리석은 질문입니다. 간혹 대중 미디어에서조차 그렇게 인용하는 것을 보면 실소하지 않을 수 없습니다.

당신이 스스로에게 '누가 성공할까?', '내가 성공할 수 있을까?'라고 묻는다면 여기에 답이 있습니다. 무엇이든 누구든 처음부터 잘할 수는 없습니다. 어린 시절, 어쩌면 걸음마 이후의 첫 도전일 수도 있는 자전거 타기 역시 넘어지지 않고 자전거 타기를 배울 수 있는 사람은 없습니다. '넘어지면 어떡하지?' 하는 두려움은 누구나 있습니다. 자전거를 처음 배울 때 넘어질 확률은 100%입니다. 하지만 다시 일어나고 다시 시도하는 가운데 능숙해지지요. 아주 잘 탄다 해도 여전히 넘어질 가능성은 있습니다. 아마도 난이도가 높은 시도를 하게 되기 때문이겠지요. 그러면서 자전거 타기를 즐기게 됩니다. 겨울철 스키를 배울 때도 마찬가지입니다. 넘어지고 다시 일어나는 법을 배우면서 시작합니다. 그러니 **잘 모르면서, 아직 시작도 해보기 전에 '내가 잘할 수 있을까?' 하는 두려움은 적어도 잠시 눌러둘 필요가 있습니다. 기회를 잡고 싶다면 말이지요.**

어떤 일이든 성공한 사람들은 두 단계를 거칩니다. 그 일을 선택한 것이 첫 단계이고, '나도 할 수 있다'를 실현시킨 것이 두 번째 단계이지요. **중요한 것은 '나는 할 수 있다'는 말은 '처음부터 잘할 수는 없겠지만 점점 더 잘할 수 있다'는 뜻으로 해석된다는 점을 놓치지 말아야 합니다.**

이 시점에서 여기까지 오신 당신에게 꼭 해드리고 싶은 말이 있습니다.

"당신도 할 수 있습니다!"

3가지 질문에
자신 있게 응답하기

◉

네트워크마케팅을 함께하고픈 친구가 있습니다. 제가 하는 일이라면 뭐든지 함께하고 싶어 할 것이라는 믿음이 있는 친구입니다.

"친구야, 나랑 같이 해보지 않을래? 우리가 같이 성공하면 정말 멋질 거야!"

"글쎄. 나는 아직 잘 모르겠다. 그런데 너는 왜 그런 걸 하니?"

"왜냐고? 돈 걱정에서 벗어나고 싶어서지."

"그렇게 될까?"

"그럼, 내가 충분히 알아보았어. 제품도 써보고."

"그래도 나는 못 할 것 같아. 자신이 없어."

"이 일은 서로 도우며 함께하면 가능한 일이야. 우리가 성공하면 함께 맘껏 여행을 할 수도 있어. 너도 나도 여행 좋아하잖아!"

"그건 나도 좋은데, 다른 일로 돈을 벌면 되잖아?"

"예를 들면 어떤 일?"

"……."

마음에 드는 친구와 가족과 여행을 맘껏 다니려면 우선 경제적으로도 시간적으로도 여유가 있어야 하는데, 바로 네트워크 마케팅에서 성공하면 가능한 일들입니다. 꾸준히 커가는 인세적 수입이 주는 꿈같은 혜택이지요. 자유로움이 주는 희망도 포함해서 말입니다. 더 좋은 수단이 있을까요?

그렇다면 비즈니스에서 성공하려면 무엇이 필요할까요? 조금 전에 '일과 나를 구분해야 한다'고 했습니다. 제 오랜 경험으로 봤을 때 매우 중요한 점이기에 조금은 다른 관점에서 다시 한 번 요약해봅니다. 바로 지인들에게 자주 듣는 3가지 질문을 통해서요.

■ "왜 그런 걸 하니?"

3가지 질문의 첫 번째는 '왜?'입니다. 이미 꿈에 대해 이야기했지만, 비즈니스를 하는 이유를 묻는 질문이고 당신이 성공하려면 '생생한 꿈(VD: Vivid Dream)'과 함께 분명한 확신을 가지고 있어야 한다는 말입니다. 어떤 이가 VD=R(Realization)이란 공식을 이야기했듯이 정말 성공하고 싶다면 별똥별이 떨어지는 순간에도 빌 수 있는 구체적이고 간절한 꿈을 갖는 것은 필수입니다.

꿈은 많을수록 좋습니다. 하나하나 이루어가는 성취의 기쁨을 누리면서 이기는 습관을 만들어 더 큰 꿈을 향해 나갈 수 있으니까요. 따라서 혹 당신이 친구와 함께 비즈니스를 하고 싶다면 친구에게 꿈을 찾아주거나 심어주는 일부터 해야 합니다. 친구가 꿈을 갖도록 도와야 한다는 뜻입니다. 네트워크마케팅이 갖는 진정한 가치 중 하나이지요. 당신의 꿈은 무엇입니까?

■ "되는 비즈니스 맞아?"

"근데 그게 될까? 되는 비즈니스 맞아?"

"너는 왜 안 될 거라고 생각하니?"

"하다가 다 그만두더라고. 성공한 사람을 본 적이 없어."

"그래, 하다가 그만두거나 너처럼 이야기하는 사람들이 많긴 해. 근데 모임에 가보면 성공한 사람들, 내가 부러워할 만한 사람들이 아주 많거든."

"진짜 성공한 거 맞아? 좋은 차나 통장을 보여주면서 유혹하는 사람들도 있다는데?"

"하하, 그런 이야기는 나도 들었는데 나와 함께하는 분들은 정말 성공한 분들이야. 우선 제품이 정말 좋지 않니? 너도 제품에 대해 감동을 했잖아! 그렇게 좋은 제품이라면 안 되는 게 더 이상한 일 아냐?"

"되는 비즈니스 맞니?"라는 두 번째 질문에 확신을 가지고 대답할 수 있는 사람은 결국 성공할 것입니다. **흔들리지 않는 바위와 같은 믿음과 확신에 찬 응답은 충분한 지식과 함께 경험에서 나옵니다.** 그러면 당신의 믿음과 확신이 전파되면서 비즈니스가 성장하는 경험을 하게 될 것입니다.

■ "정말 성공할 수 있겠어?"

"되는 비즈니스라고 치자. 그래도 네트워크마케팅은 어렵다던데…"

"성공하는 사람은 몇 명 안 될 텐데, 너 정말 할 수 있겠어?"

"나는 너 되는 거 보고 할래."

답답함이 몰려옵니다. 하지만 나 자신도 처음에는 그랬다는 사실을 잊으면 안 됩니다. 저도 처음에는 '잘할 수 있을까?' 하고 의심하고 자신이 없었습니다. 하지만 제품을 써보고, 이런저런 성공 시스템에 대한 공부를 하고, 모임에서 성장하고 성공한 사람들을 보면서 조금씩 자신감이 생긴 것입니다.

어린아이들이 자라듯 비즈니스적으로도 성숙해가는 과정이 필요합니다. 누구나 처음에는 부족한 부분이 많지만 차근차근 채워나가는 것이지요. 그러면서 누구나 잘할 수 있게 됩니다.

마시멜로 이야기

제가 네트워크마케팅을 함께하는 파트너들에게 자주 인용하는 책이 있습니다. 바로 호아킴 데 포사다(Joachim de Posada)가 지은 《마시멜로 이야기》입니다. 저자는 이 책에서 만족지연 능력을 성공의 키워드로 지적하는데 모든 사업, 모든 투자에서 아주 중요한 성공 요소입니다. 돈이 투자되지 않는 네트워크마케팅에서는 더욱 그렇습니다.

내용은 미국 스탠포드대학교에서 했다는 어떤 실험을 배경으로 합니다. 약 600명의 아이들이 실험 대상입니다. 연구원들은 실험 대상이 된 아이들을 각각 방에 혼자 있게 한 다음 마시멜로를 하나씩 주고 "15분 동안 이 마시멜로를 먹지 않고 참고 기다린다면 마시멜로를 하나 더 주겠다"고 약속합니다. 물론 아이들은 언제든 눈앞에 있는 마시멜로를 집어먹은 후에 밖에 나가 놀 수 있습니다. 생각해보면 네 살배기 아이들에게 가만히 있는 15분은 영원처럼 느껴질 수도 있는 시간입니다. 결국 대부분의 아이들은 유혹을 이기지 못하고 마시멜로를 집어 들고는 튀쳐나 갔지요. 하지만 어떤 아이들은 두 배의 달콤함을 위해 15분이라는 긴 시간을 참아냈습니다. 15분을 참아낸 아이 중에서 조나단이 성장해서 큰 회사의 사장이 된 후 운전기사 찰리와 나누는 이야기가 책의 줄거리입니다.

성공한 조나단은 어렸을 적의 이 경험에서 큰 교훈을 얻었는데, 바로 미래의 성취는 현재의 인내와 기다림을 필요로 한다는 것입니다. 이를 '만족지연 능력'이라 부릅니다. 당장 마시멜로를 먹고 나가 뛰어놀 수 있었지만 그 즐거움과 만족을 뒤로 미룸으로써 더 큰 성취를 이룰 수 있다는 의미이지요.

월급을 받아 그저 기분대로 매일매일을 사는(마시멜로를 먹어 치우는) 운전기사 찰리에게 미래를 위해 현재의 유혹을 참아내는 것은 쉽지 않은 일입니다. 찰리의 모습은 한편으론 안전지대에 머무르면서 사소한 일에도 빨리빨리 해야 한다는 강박관념, 혹은 이렇게 해야 한다는 고정관념에 사로잡힌 우리 대부분의 모습이기도 하지요. 하지만 조나단의 여러 이야기를 통해 찰리는 매일의 삶에 매달려 있는 자신의 삶을 돌아보게 되고 '만족지연'과 '투자 우선'이라는 성공의 원리를 깨닫게 됩니다.

사실 모든 비즈니스는 투자를 전제로 합니다. 돈과 시간의 투자이지요. 돈이 없는 사람은 시간을 투자할 수 있습니다. 지금의 행복과 즐거움을 유보하고 말이지요.

투자는 기다림을 의미합니다. 즉시 결과가 나오는 것은 거래이지 투자가 아닙니다. 혹 결과를 얻을 수 있다 해도 그건 그저 일회성일 뿐이지요. 투자는 봄에 씨를 뿌리고 가을의 수확을 기다리는 자연의 원리를 이해하고 따르는 자세를 필요로 합니다. 기다리지 못하면 그 열매를 얻지 못하거나 설익은 열매를 얻게 될 것입니다. 현실에서는 네트워크마케팅뿐만 아니라 여러 종류의 투자에서 좋은 선택을 하고도 기다리지 못해 실패하거나 작은 성과에 만족하는 이들을 보면 안타깝습니다. 애용자 네트워크의 성장이 더딘 것 같다고 초조해하고, 얼른 돈이 안 된다고 불평하고 감정에 휘둘리면 부실한 자산이 만들어지고 결국 멈추게 될 것입니다.

　나의 소비 만족과 제품 감동의 경험을 소개하고 지속적으로 구전하는 것이 씨를 뿌리고 가꾸는 일이라면 그로 인해 애용자가 한 사람 한 사람 늘어나 꾸준한 인세적 수입으로 돌아오는 것이 바로 수확입니다. 그러려면 기다림이 필요합니다. 시간이 일을 할 수 있도록 해야 하지요. 네트워크마케팅에서의 진정한 성공은 그렇게 해서 만들어집니다. 차근차근 꾸준히 커져가는 네트워크마케팅의 성장곡선을 잊지 마세요.

당신은
적극적인 사람인가?

　스티븐 코비(Stephen Covey)는 《성공하는 사람들의 7가지 습관》에서 첫 번째 성공 습관으로 '주도적인(proactive) 사람이 되라'고 말합니다. 당신이 비즈니스를 한다면 돈을 버는 프로(Pro)가 되겠다는 것이고, 하고 싶고 이루고 싶은 꿈이 있다는 뜻입니다. 그 꿈은 가족의 생계에 관한 것일 수도 있고 미래와 노후 준비를 위한 것일 수도 있습니다. 그보다 더 크고 멋진 꿈일 수도 있겠지요. **그 꿈을 이루기 위한 수단으로 네트워크마케팅을 선택했다면 이제부터 소비와 구전에 '주도적이고 적극적인' 사람이 되어야 합니다.**

'소비에 적극적 혹은 주도적'이라는 것은 생활에 필요한 제품 하나를 쓸 때도 대중매체에 의한 광고나 '~라 하더라'에 휘둘리지 않고 충분히 알아보고 공부해서 변별력을 갖는 지혜로운 소비자가 되겠다는 뜻이고, **'구전에 적극적'이라는 것은 단순히 알리는 것을 넘어 함께 현명한 소비자가 되고 싶다는 '손 내밈'입니다.** 소비와 제품의 감동을 전하기 위해 누구든 찾아가서 얼굴을 보고 진심으로 이야기하는 것입니다. **결과적으로 적극적인 구전은 초대, 제안, 요청의 형태를 띱니다.**

그래서 용기가 필요합니다. 당연히 상대방이 거절할 수 있습니다. 기대한 응답을 못 얻거나 거절의 대답을 들으면 다음에는 더 큰 용기를 내지 않으면 안 됩니다. 네트워크마케팅에서 '적극적'이라는 것은 거절에도 불구하고 용기를 가지고 자기가 경험하고 믿는 바를 알리는 일에 점점 더 성숙해진다는 뜻입니다. 그러면서 '함께' 제품을 쓰고, 나아가 '함께' 꿈꾸고자 하는 평생 친구를 찾아 나서게 됩니다. 무엇이든 함께하고자 하는 그 용기는 '열정'이라고도 부를 수 있지요.

한편으로 사람들은 멋진 광고와 근사한 말에는 영향을 많이 받으면서도 누군가에게 설득을 당하거나 영향을 받고 싶어 하지 않습니다. 특히 늘 가까이 지내고 잘 아는 사이일수록 대등한 관계이기를 원합니다. 그래서 내 알림(정보)에 공감이 가도 마음속에서 자존심을 내세우며 금세 동의하거나 선택하지 않을 수 있습니다. 그래서 스스로 결정했다고 느낄 수 있을 때까지 시간이 필요합니다. 지속적으로 노크하되 스스로 문을 열어줄 때까지 기다릴 줄 알아야 한다는 뜻입니다. 또 여러 번 만나고 되풀이해서 이야기를 해야 할 때도 있습니다. 그러다 보면 어떤 이들은 제품에 관심을 보이고, 어떤 이들은 어떻게 비즈니스가 되는지 한번 들어보겠다며 초대에 응합니다. 한편으로 가까운 사이보다는 낯선 이의 정보에 귀를 여는 경우도 많습니다. 아마도 이해관계가 없는 사이이기에 더 객관적일 거라고 여기고 믿는지도 모르겠습니다. 그런 경우에는 내가 아닌 누군가의 도움이 필요한 때입니다. 때로는 낯선 이의 정보와 감동이 더 쉽게 전해지는 효과가 있기 때문이지요. 그래서 네트워크마케팅은 혼자가 아닌 팀으로 하는 비즈니스입니다. 네트워크마케팅은 그렇게 전달되고 성장합니다.

어떤 경우든 소극적인 사람이 무엇을 잘하거나 성취하고 성공할 리 없으니 성공하고 싶다면, 이루어야 할 꿈이 있고 더 나은 삶을 살고 싶

다면 적극적인 사람이 되어야 합니다. 비즈니스를 한다는 것은 프로 (Pro)가 되는 것이니 종종 하기 싫은 일까지 해야 할지도 모릅니다. 건강에 적극적인 사람은 게으르고 싶어도 아침 일찍 일어나 운동을 하게 되는 것과 같습니다.

한번은 네트워크마케팅을 함께함으로써 친구가 된 이들과 여러 날 몽골 여행을 간 적이 있습니다. 물론 경제적·시간적 자유로움이 있기에 가능한 일이었지요. 고비사막을 여행하던 중 황폐해 보이는 사막에 사는 것이 틀림없는 몇 명의 소년과 소녀들을 만났습니다. 부모들은 낙타나 말을 돌보러 갔는지 네 살부터 일곱 살 정도 되는 아이들만 남아 마음만 먹으면 어디서나 쉽게 구할 수 있는 돌들을 작은 좌판에 벌려놓고 가끔 나타나는 관광객들에게 팔고 있었습니다. 비싸진 않았지만 별 가치도 없고 볼품도 없는 평범한 돌들이었지요. 그럼에도 아이들은 우리를 잡아 끌며 통하지 않는 언어로 이런저런 돌들을 하나씩 집어 들고 열심히 설명했습니다. 결국 우리는 웃음을 지으며 돌을 몇 개 샀습니다. 이유는 단 하나, 그들이 너무나 열심이고 적극적이라 안 살 수가 없었기 때문입니다. **간절함을 품은 적극적인 행동은 사람을 움직이나 봅니다.**

그럼에도 정작 자신을 소극적인 사람으로 생각해 틀 안에 가

두려고 하는 사람들이 참 많습니다. 두려움과 게으름 때문이겠지만, 어떻게든 벗어날 방법을 찾아야 하지 않을까요? 우리 아이가 선생님으로부터 소극적이라는 평가를 받는다면 얼마나 속상할까요?

당신은
긍정적인 사람인가?

적극적인 사람이 된다는 것은 긍정적인 사람이 된다는 의미이기도 합니다. 긍정적이지 않은데 적극성을 띨 수는 없습니다. 그것은 어떤 어려움이나 갈등이 있어도 회피하지 않고 생각이나 감정을 '있는 그대로' 마주친다는 뜻이기도 합니다. 긍정적이기에 늘 솔직하고 정직하게 있는 그대로 자신을 바라보고 또 드러낸다면 언제나 어느 경우에나 용기가 생길 것이기 때문입니다.

주변 사람들에게 네트워크마케팅을 한다고 말하기를 겁내더니 어느 날부터인가 더 이상 두려워하지 않고 말하기 시작해 끝내 크게 성공한 분을 알고 있습니다. 어떤 책이, 누군가의 한 마디가, 또는 문득 간절해진 한 조각의 꿈이 그 분을 긍정적이고 적극적으로 바꿔놓았는지는 알 수 없습니다. 다만 확실한 것은 그가 변했다는 것입니다. 비즈니스적으로 성숙해진 것이지요. 어려운 현실에서 벗어나고자 하는 꿈이 너무나도 간절해지고, 그 꿈을 마주한 자신에게 더욱 솔직하고 당당해지려고 노력했을 것이라고 짐작해봅니다. 아마 그는 자신을 이기기 위해 내적인 노력을 오랫동안 해왔을 것입니다. 프로는 분명한 꿈과 목표가 있기에 하기 싫은 일도 하고, 하기 싫을 때마저 '억지로라도' 하는 사람입니다. 99도에서도 끓지 않던 물이 100도에서 끓기 시작하려면 당연히 먼저 99도까지 끌어올리는 노력의 과정이 이전에 있어야 한다는 뜻입니다.

차이는 있을지언정 꿈을 이루려는 이는 누구나 두려움을 느낍니다. 또 '귀차니즘'도 있습니다. 당연히 꿈을 이루고 성취해내려면 두려움과 게으름을 넘어서야겠지요. 이때 필요한 것이 바로 '간절한 꿈'입니다. 간절한 꿈은 매사에 긍정적인 사고와 적극적인 행동을 하게 만듭니다. 성공한 이들의 공통점이지요. 그런 자세로 앞선 이들로부터 배운 바를 실천한다면 누구나 네트워크마케팅에서 성공할 수 있다고 믿습니다. 경제적·시간적으로 자유로운 친구 부자가 된다는 말입니다. 소비와 구전으로 자유로운 삶을 추구한다! 이것이 바로 네트워크마케팅의 본질이고 이유입니다.

기회의 신 '카이로스'의 앞머리를 잡다

기회는 귀를 열고 마음을 열고 있는 사람에게 찾아온다고 하지요. 물론 귀와 마음을 여는 것은 자신의 변별력을 믿는 사람만이 가능합니다. 스스로의 판단에 자신이 있다는 뜻입니다.

한편으론 복잡하고 혼란스러운 요즘 시대를 살면서 매사에 의심을 품고 경계심을 갖는 것은 어쩌면 당연한 현상이기도 합니다. 선택이나 판단이 쉽지 않지요. 그래서 스스로에 대한 믿음이나 자신감이 부족한 사람들은 새로운 것, 잘 알지 못하는 것, 익숙하지 않은 것은 무조건 의심하고 귀를 닫고 다가오면 쳐내려고 합니다. 익숙하고 편안한 것에만 자신을 열지요. 호기심도 있고 자신을 변화시키고 싶지만 두려움이 더 크기에 문을 닫기 일쑤입니다.

다행스럽게도 저는 마음을 열었습니다. 두려움이 컸지만, 네트워크마케팅이 우리 가족의 스페어타이어가 될 수 있다고 소개한 그의 말이 사실인지 알아봐야겠다고 마음을 먹게 만들었습니다. IMF 경제위기 여파가 한창 진행 중일 때라 미래에 대한 막연한 불안감이 영향을 미쳤을 수도 있었지만 사실 그 외에도 몇 가지 이유가 더 있었습니다.

첫째, 그는 신뢰할 만한 사람이었습니다. '네트워크마케팅을 만나다'라고 표현하듯 결국은 사람이 제일 중요합니다. 그리고 모든 기회는 누군가와의 만남에서 옵니다. 두려움으로 만남을 피하면 기회도 달아날지 모릅니다. 다행히 그는 과거에 회사의 프로젝트를 진행할 때 함께했던 동료 중 한 명이었을 뿐이지만 자신이 맡은 일을 성실하게 해내는 모습을 보여줌으로써 저의 신뢰를 얻고 있었습니다.

둘째, 당시 제 나이가 이미 40대에 접어들어 회사에서는 고위 관리자의 위치에 있었지만 직장생활의 끝이 보이기 시작한 시기였습니다. 그 끝을 보면서도 다음을 준비하지 않는다는 것은 사실 어리석은 일입니다. 저는 뭔가를 미리 준비하지 않으면 안 된다고 생각했습니다. 적절한 수단을 찾지 못하고 있었기에 회사에 충실하면서 가능한 오래 버티는 것이 유일한 길이라고 마음을 달래고는 있었지만 무엇이든 대안이 필요할 때였습니다.

셋째, 가족을 지켜야겠다는 동물적 감각이 발휘되었습니다. 자꾸 기력이 약해지는 어머님과 점점 커가는 아이들을 보면서 무거워지는 가장으로서의 책임감을 느끼던 차에 혹 이게 기회가 아닐까 하는 동물적 감각이 작동했다고 믿습니다. 아마도 현실에 안주하고 있었다면 결코 작동하지 않았을 동물적 감각. 지금은 그 기회를 알아챈 저 스스로를 대견해하고 있지요.

그리스 신화 하나가 떠오릅니다. 카이로스와 크로노스는 그리스 신화에 나오는 시간의 두 얼굴입니다. 크로노스는 하늘(우라노스)과 대지(가이아)의 신 사이에서 태어나 아버지를 제거하고 신들의 세상을 지배하게 된 시간을 다스리는 신입니다. 자신이 아버지를 제거했듯이 자신도 쫓겨날 것이라는 예언으로 인해 자식의 반란을 염려한 그는 태어나는 대로 자식을 잡아먹지요. 자식은 세대(generation), 곧 시간을 의미합니다. 크로노스로 인해 시간은 만들어지면서 동시에 사멸합니다. 그래서 세상의 어느 것도 영원한 것은 없습니다. 세상의 무엇이든 태어나고 생성되면 그 끝을 향해 달려가 결국 소멸합니다. 모두 크로노스의 영역입니다.

하지만 어머니의 지혜로 크로노스에게서 살아남은 아들 제우스는 예언대로 결국 아버지를 제거하고 신들의 세상을 지배합니다. 그의 막내아들로 태어난 카이로스는 할아버지 크로노스에 반하여 시간에 의미와 가치를 부여하는 신이 되었습니다. 그래서 인간이 의미 있는 삶을 살려면 카이로스를 붙잡고 가야 합니다. 하지만 그는 좀처럼 잡히지 않습니다. 왜냐하면 그는 늘 벌거숭이에 앞이마를 풍성하게 덮은 긴 머리칼 외에는 아무것도 걸친 게 없고, 겨드랑이와 발뒤꿈치에 날개가 달려 있어 쏜살같이 지나가는 데다, 머리의 뒷부분은 대머리라서 미리 준비하고 나가오길 기다렸다가 앞머리를 부여잡지 않으면 잡을 방법이 없기 때문입니다. 그래서 그를 '기회의 신'이라 부르기도 합니다.

한번 놓치면 다시 그가 내 앞을 다시 지날 때까지 잡을 수가 없습니다. 미리 준비하고 있지 않으면 다음에도 또 놓치게 될 것입니다. 다시 내 앞을 지나간다 해도 빠르게 다가왔다가 사라지는 그를 잡으려면 간절함이 담긴 '동물적 감각'이 작동하지 않고는 어려울지도 모르겠습니다.

논리와 이성이 아닌 감정이 담긴 동물적 감각. 그렇게 붙잡은 네트워크마케팅이 우리 가족에게는 이제 '기회'이고 '미래'입니다. 당신에게도 네트워크마케팅이 기회이자 미래가 될 수 있기를 희망합니다.

- 긍정의 힘, 조엘 오스틴, 두란노, 2005

- 꿈꾸는 다락방, 이지성, 국일미디어, 2007

- 네트워크마케팅 이렇게 하면 성공한다, 김승용, 하이비전, 2003

- 노동의 종말, 제레미 리프킨, 민음사, 1996

- 누가 내 치즈를 옮겼을까?, 스펜서 존슨, 진명출판사, 2015

- 다음 천만장자는 어디에서 나올까, 폴 제인 필저, 아이프렌드, 2006

- 드러커의 마케팅 인사이트, 윌리엄 코헨, 중앙경제평론사, 2015

- 마시멜로 이야기, 호아킴 데 포사다 & 엘런 싱어, 한국경제신문사, 2009

- 부의 미래, 앨빈 토플러, 청림출판, 2006

- 성공하는 사람들의 7가지 습관, 스티븐 코비, 김영사, 2003

- 소비자 심리학, 양윤, 학지사, 2014

- 아웃라이어, 말콤 글래드웰, 김영사, 2009

- 암웨이 마케팅, 김준녕, 스몰비지니스, 1991

- 웹 혁명의 물결, 프랭크 피더, 현대미디어, 2001

- 유엔미래보고서 2040, 박영숙 외, 교보문고, 2013

- 정상에서 만납시다, 지그 지글러, 산수야, 2008

- 지갑이 마르지 않는 평생부자, 윤은모, 전나무숲, 2014

- 판매의 심리학, 브라이언 트레이시, 비즈니스맵, 2008

나는 왜 네트워크마케팅을 하는가

개정판 1쇄 발행 ┃ 2023년 1월 9일
개정판 2쇄 발행 ┃ 2023년 8월 3일

지은이 ┃ 윤은모
펴낸이 ┃ 강효림

편집 ┃ 곽도경
표지디자인 ┃ 윤대한
내지디자인 ┃ 채지연
마케팅 ┃ 김용우

용지 ┃ 한서지업(주)
인쇄 ┃ 한영문화사

펴낸곳 ┃ 도서출판 전나무숲 檜林
출판등록 ┃ 1994년 7월 15일·제10-1008호
주소 ┃ 10544 경기 고양시 덕양구 으뜸로 130
　　　위프라임트윈타워 810호

전화 ┃ 02-322-7128
팩스 ┃ 02-325-0944
홈페이지 ┃ www.firforest.co.kr
이메일 ┃ forest@firforest.co.kr

ISBN ┃ 979-11-88544-93-6 (13320)

전나무숲 건강편지를
매일 아침, e-mail로 만나세요!

전나무숲 건강편지는 매일 아침 유익한 건강 정보를 담아 회원들의 이메일로
배달됩니다. 매일 아침 30초 투자로 하루의 건강 비타민을 톡톡히 챙기세요.
도서출판 전나무숲의 네이버 블로그에는 전나무숲 건강편지 전편이 차곡차곡
정리되어 있어 언제든 필요한 내용을 찾아볼 수 있습니다.

http://blog.naver.com/firforest

 '전나무숲 건강편지'를 메일로 받는 방법 forest@firforest.co.kr로
이름과 이메일 주소를 보내주세요. 다음 날부터 매일 아침 건강편지가 배달됩니다.

유익한 건강 정보,
이젠 쉽고 재미있게 읽으세요!

도서출판 전나무숲의 티스토리에서는 스토리텔링 방식으로 건강 정보를
제공합니다. 누구나 쉽고 재미있게 읽을 수 있도록 구성해, 읽다 보면 자연스럽게
소중한 건강 정보를 얻을 수 있습니다.

http://firforest.tistory.com

스마트폰으로 전나무숲을 만나는 방법

네이버 블로그   다음 블로그